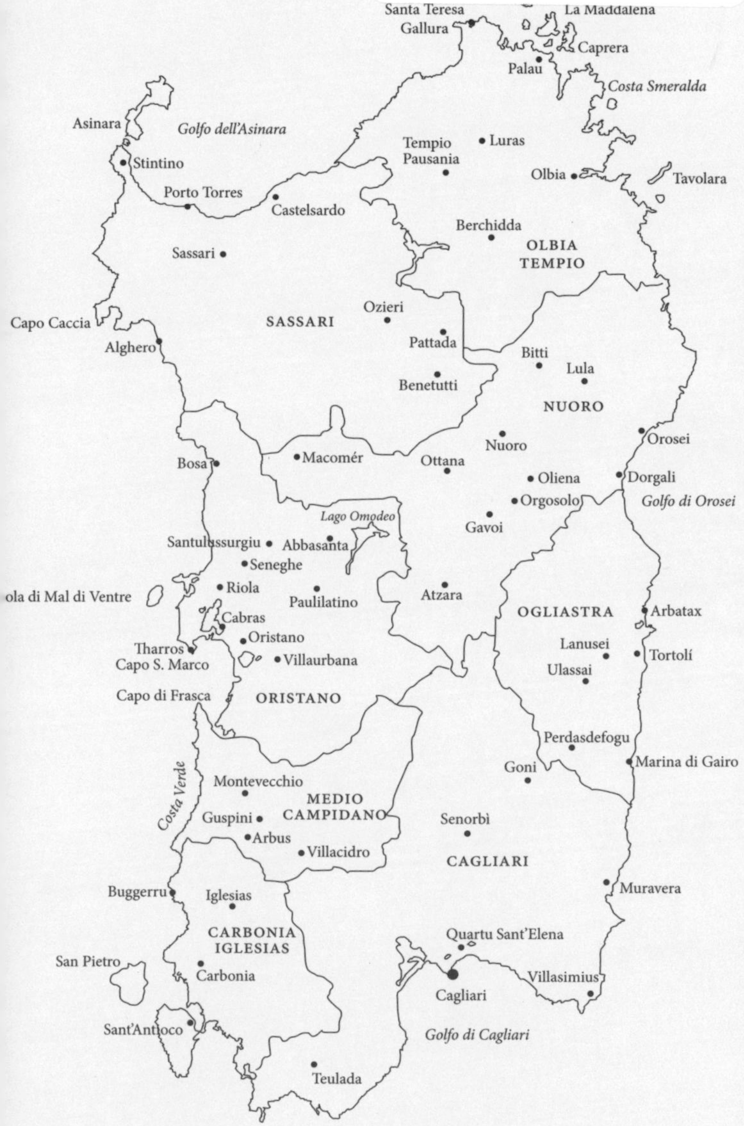

Die Provinzen des heutigen Sardinien

Auf Sardinien gibt es Höhlen, in denen Hexen wohnen, es gibt Tote durch den Biss von Vampirfrauen und geheime Wasser, in denen der sich spiegelnde Mond die Zukunft und ihre Täuschungen enthüllt …

Michela Murgia zeigt uns ihr Sardinien, das weit entfernt liegt von der Insel der Postkarten. Es ist ein fremdes, stolzes Land, mit dem uns Murgia vertraut macht, indem sie jeweils eine Gegend mit einem Stichwort verbindet: das Selbstbewusstsein der Sarden, die anders als alle sind – wie der *uomo balente*, ein Mann von ganz eigener Verwegenheit. Die Essgewohnheiten (man isst gemeinsam. Oder gar nicht). Die Grenzen der begehbaren Wege, die einerseits von den Küsten und andererseits von den Blei- und Zinkminen gebildet werden, in denen früher ein Großteil der sardischen Männer zur Arbeit verschwand.

Nicht zuletzt reisen wir durch ein Sardinien der Klänge und der Kunst, wobei der Autorin ein großer Bogen gelingt aus der langen kulturellen Tradition in eine sardische Gegenwart mit aufregender Mode, einem bekannten Jazz- und einem erfolgreichen Literaturfestival – und jungen Autoren, die in der Welt von sich reden machen.

Michela Murgia
Elf Wege über eine Insel

Sardische Notizen

Aus dem Italienischen von
Julika Brandestini

Verlag Klaus Wagenbach Berlin

Inhalt

Vorwort

Auf Sardinien gibt es Höhlen, in denen Hexen wohnen, es gibt Tote durch den Biss von Vampirfrauen, heilige Dämpfe, die schlechte Träume heilen, und geheime Wasser, in denen der sich spiegelnde Mond die Zukunft und ihre Täuschungen enthüllt. Es gibt Statuen von altertümlichen Kriegern, die so groß sind, wie kein Sarde es jemals gewesen ist, grausame Heiligenkulte, die die Päpste verpasst haben, in den Kanon aufzunehmen, Steintüren, hinter denen längst vergessene Welten liegen, und Meere von Weizen fern des Meeres, übersät von Menhiren, an denen die verlobten Mädchen im Schutz der Nacht, beaufsichtigt von Müttern und Großmüttern, unanständig ihre Bäuche reiben.

So ein Sardinien gibt es, oder jedenfalls erzählt man sich davon an den Kaminfeuern, und das ist schließlich dasselbe, denn in einem Land, wo das Schweigen noch immer der weitverbreitetste Dialekt ist, werden die Wörter zu Orten, mehr als die Orte selbst, und bringen ganze Welten hervor. Hier existiert alles, was erzählt wird, und das Verschwiegene existiert, weil eines Tages jemand davon erzählen wird. Neben der Insel der Postkarten und der *All inclusive*-Touristendörfer existiert eine Insel der Geschichten, die man auf diese Weise bereisen muss: über Geschichtspfade, die den Orten Kontur verleihen, ihnen eine Form geben jenseits der ausgewaschenen Steine, die den Zugang zur Erinnerung öffnen und dann dabei helfen, sie zu vergessen, damit die Erinnerung nicht für immer dort bleibt und ihren Platz einnimmt. Wenn das geschähe, könnte nichts auf der Insel, die wir Sardinien nennen, mehr so sein, wie es die Augen sehen. Bei manchen Täuschungen ist es im Grunde gut, wenn sie welche bleiben.

Diese Geschichte ist eine Reise in Begleitung von zehn Kategorien, zehn Wege auf der Suche nach ebenso vielen Orten, plus einem. Elf Ziele, weil runde Zahlen nur für Dinge taugen, die endgültig verstanden werden können. Und das trifft auf Sardinien nicht zu, wo jeder scheinbar eroberte Raum eine andere Seite verhüllt, die nie auf Anhieb zu verstehen ist, und wo die geheimnisvolle Reinheit der Dinge bewahrt wird, die immer nur gestreift werden können.

Michela Murgia

Dank

Emanuele Scalas dafür, dass er mir die geheime Welt
der Menhire enthüllt hat.
Valerio Giardinelli, Silvia Fontana, Giordana Bassani,
Alessandro Giammei, Michele Puddu, Marco Schirra,
Daniele Faranda, Francesco Iacobini und Giovanni Dettori
für ihren Rat und ihre Geduld.
Giuseppe Pani, Antonio Pinna, Socrate Seu,
Vito Biolchini und Michele Fioraso für die Informationen.
Aldo Brigaglia dafür, dass er mich mit Amelie Posse
bekannt gemacht hat.
Francesco Deriu dafür, dass er mich über
die Via di Lawrence nach Mandas gebracht hat.

Notiz zur Orientierung

In der Beschreibung der Orte und Geschichten wird auf die doppelte sardische Geographie Bezug genommen: die institutionelle, die die Unterteilung der Insel in Provinzen vorsieht, sowie die traditionelle Aufteilung der Insel in historische Regionen. Diese beiden Geographien stimmen fast nie überein, und manchmal besteht der Konflikt aus mehr als nur der Ziehung von Grenzlinien.

Für Alberto Masala und all jene, für die das Weggehen die einzige Möglichkeit war, um dazubleiben.

Provinz Nuoro, historische Region: Barbagia von Ollolai, Gemeinde Orgosolo.

1. Andersartigkeit

Murales, balentía und andere Geschichten von Freiheit

»Bestünde diese Welt nur aus *balentes*,
es wäre eine großartige Welt.«
Antonangelo Liori: *Manuale di sopravvivenza in Barbagia*
(Überlebenshandbuch für die Barbagia)

Die Kategorie der Andersartigkeit ist ein bewusster Teil der sardischen Identität, so sehr, dass sich die Sarden im Gespräch darüber häufig vor allem über die Unterschiede zu den *continentali*, den Festlandsbewohnern, und den anderen Fremden definieren. Diese recht egozentrische Sicht auf die eigene Besonderheit findet sich auch an vielen anderen Orten Italiens, doch was den Sarden ihre Andersartigkeit endgültig bestätigt, ist, dass es sich üblicherweise um eine beidseitige Empfindung handelt: Wer sich auf die Sarden als ethnisches Stereotyp bezieht, dem fehlen in der Tat die Vergleichsmöglichkeiten, denn sie scheinen in keine der Kategorien zu passen, die die anderen Italiener je nach Breitengrad des Ortes klassifizieren, in dem sie geboren werden und leben. Es ist sicher auch das Leben auf einer Insel, das diese ambivalente Sichtweise bedingt, doch die wahren Gründe sind eher historischer und kultureller, nicht so sehr geographischer Natur.

Die historische Entwicklung Sardiniens geschah weitgehend unabhängig von den Ereignissen, die die anderen Regionen in Mittel- und Süditalien zusammengeführt haben. Auf der Insel sind verschiedene Bevölkerungsgruppen und Kulturen zusammengeflossen, und aus biologischer Sicht ist seit langem bekannt, dass die Sarden genetisch betrachtet eine Sonderstellung innerhalb der Bevölkerungsgruppen Europas und des Mittelmeerraums einnehmen, ähnlich wie die Basken und die Lappen. Doch auch innerhalb dieser scheinbaren Gemeinsamkeit, die durch kontrastierende Gegenüberstellung mit dem entsteht, was von der anderen Seite des Meeres kommt, gibt es eine Andersartigkeit: Die Sarden sehen sich auch untereinander als sehr, oft radikal verschieden.

Der Ort Sardiniens, an dem das Gefühl, anders zu sein, am verbreitetsten ist, ist sicher die Barbagia, die wichtigste Region im sardischen Inland und die größte von denen, die an keiner Seite ans Meer grenzen. Noch mehr als ein physischer Ort ist die Barbagia eine *forma mentis*. Darum sind ihre geographischen Grenzen diskutabel und umstritten, sodass sogar außerhalb Orte liegen, deren Einwohner sich selbst als *barbaricini*, Bewohner der Barbagia bezeichnen, weil sie sich der besonderen Kultur zugehörig fühlen, die diese Gegend, die etwa mit der Provinz Nuoro übereinstimmt, noch heute charakterisiert.

Die Barbagia ist die größte historische Region der Insel und bildet ihr geographisches Zentrum. Man könnte auch sagen: Aus welchem Teil Sardiniens man auch losfährt, es ist immer gleich schwer, sie zu erreichen. Ohne Auto geht es nicht, denn Nuoro ist nach wie vor eine der Regionalhauptstädte Italiens, die die Eisenbahnlinien von Trenitalia noch nicht erreicht haben; der kleine Zug, der dorthin fährt, gehört den ›Ferrovie della Sardegna‹ und fährt mit Dieselöl auf prähistorischen Gleisen, doch er bietet prächtige Ausblicke. D. H. Lawrence beschrieb den Zug schon 1921 in seinem Reisetagebuch und rühmte die Kühnheit, mit der er gewandt die steilen Gebirgskämme des Gennargentu erklomm, wie eine dampfbetriebene Ziege. Wer gern ganz gemächlich das Panorama genießt, für den ist dieser Zug noch heute die aussichtsreichste Art, um auf Sardinien Zeit zu vertrödeln.

Die Barbagia zu betreten oder sie sich zu erschließen, das sind zwei ganz verschiedene Dinge. Der erste Weg führt über die Straße, und um ihn zu benutzen, braucht man nichts weiter als eine Straßenkarte. Der Ausblick auf Granit und mediterrane Buschlandschaft entschädigt mit seiner stillen Schönheit für die nicht immer einfache Befahrbarkeit, und nachdem man ihn genossen hat, kann man ohne zu lügen behaupten, man sei da gewesen und es sei die Mühe wert. Sich die Barbagia im wahrsten Sinne des Wortes zu erschließen, das ist dagegen ein ganz anderes Paar Stiefel, wenn man davon ausgeht, dass das Interessanteste dort die *barbaricini* selbst sind. Wenn dieses Vorhaben gelingt, ist es eine großartige menschliche Erfahrung, und um sie vollständig auszukosten, sollte man sich der Unterschiede zwischen der Barbagia und dem Rest Sardiniens bewusst sein.

Die Barbagia ist ein Landstrich, der von Sarden bewohnt wird, die aus historischen, geographischen und ökonomischen Gründen jahrhundertelang in relativer Isolation gelebt haben, weshalb diese Region immer außerhalb der geschichtlichen Prozesse gestanden hat, die den Rest Sardiniens betrafen. Der Name ›Barbagia‹ leitet sich aus dem kulturellen Ethnozentrismus der alten Römer ab, die das Gebiet, als sie nicht ebenso mühelos dorthin vordringen konnten wie an die Küsten, schnell als *terra di barbarie*, als Gebiet der Barbarei, klassifizierten. Der schlechte Ruf blieb auch in den folgenden Jahren erhalten, sodass Ptolomaeus, als er im 2. Jahrhundert eine geographische Karte von besagter Gegend anfertigte, dem Felsmassiv des Gennargentu den sprechenden Namen *Insani Montes* gab, was aus dem Munde der klassischen Autoren so viel bedeutete wie ›tosend‹ oder ›wild‹. In Wirklichkeit konnte es auch ›übermäßig hoch‹ bedeuten, doch kein sardisches Gebirge hat Gipfel aufzuweisen, die diese Bezeichnung verdienten.

Im Laufe der Jahrhunderte ist dieser Prozess der Individualisierung auf allen Ebenen vorangeschritten, was innerhalb der Barbagia den Eindruck der eigenen Andersartigkeit noch verstärkt hat, nicht nur gegenüber den Völkern, die über das Meer kamen, sondern immer mehr auch gegenüber den restlichen Bewohnern der Insel. Besonders deutlich wird dies im außergewöhnlichen Fortdauern althergebrachter Sitten und Gebräuche, die anderswo längst verschwunden sind oder nie existiert haben.

Die Gemeinschaft der Barbagia hat durch ihre Abgeschiedenheit über Jahrhunderte hinweg ein System von ungeschriebenen Normen entwickelt, das als autonom betrachtet wird. Dieser Kodex der sozialen Selbstreglementierung hatte für die Hirten, die ihn anwandten, nie einen bestimmten Namen, so wie auch der gesunde Menschenverstand keinen besonderen Namen braucht; es war ganz einfach die natürliche Art, wie man sich in diesem Kontext zu verhalten hatte. Die Bezeichnung *banditismo*, Banditentum, kam erst auf, als andere Kräfte die Macht ergriffen als die, die jahrhundertelang regiert hatten. Es gab Diskrepanzen zwischen dem althergebrachten Wertesystem und dem anderen, von außen gekommenen, das mehr politische (und militärische) Mittel besaß, um sich als das vorherrschende zu etablieren. Die beiden Normsysteme ließen sich im Laufe des letzten Jahrhunderts nur mit Mühe zusammenbringen, und noch heute gibt es unterschiedliche Ansichten darüber, was in bestimmten Lebensumständen das richtige Verhalten sei. Dieses System von ungeschriebenen Normen ist bekannt unter dem Namen *Codice Barbaricino*, Kodex der Barbagia. So bezeichnete ihn der Jurist Antonio Pigliaru, der in den 1950er Jahren erstmals ein kulturelles Problem in der Existenz von zwei Rechtssystemen erkannte, die das »Verhalten ein und desselben Mannes regeln« sollten, indem sie ihn, je nach Perspektive, entweder zum Banditen oder zum *balente*, zum Helden, machten

Die *balentía* bleibt ein wichtiger Schlüssel zum Verständnis des Geistes der Barbagia. Das Konzept der *balentía* hat zwei verschiedene Bedeutungen, je nachdem, ob es innerhalb oder außerhalb der Barbagia verwendet wird. Von Sarden außerhalb der Barbagia verwendet, hat das Wort *balentía* in neun von zehn Fällen eine negative Konnotation und bezeichnet eine rachsüchtige, rechthaberische und nachtragende Person, die bei der kleinsten Provokation handgreiflich wird und mit der man sich besser keine Vertraulichkeiten erlaubt. Wer mit diesem

Schimpfwort bedacht wird, ist von einer Aura misstrauischer Verachtung umgeben, wie ein unberechenbarer Irrer, den man besser fürchtet, als sich mit ihm einzulassen. Diese Karikatur der *balentía* ist einerseits Ergebnis der unterschiedlichen normativen (und damit kulturellen) Regeln in der Barbagia und dem Rest der Insel, andererseits entsteht sie aus dem falschen Mythos vom romantischen Banditentum, der in den Medien Verbreitung fand. Dieses Bild schädigte Sardinien mehr, als viele Sarden bereit sind zuzugeben, die häufig selbst gerne zu folkloristischen Zwecken in dem legendären Ruf des furchterregenden Volkes schwelgen. Nicht selten wird derjenige, der mit diesem Vorurteil in die Barbagia reist, vollkommen aus der Bahn geworfen durch die anscheinende Unvereinbarkeit des Vorurteils mit der herzlichen und alles andere als argwöhnischen Gastfreundschaft. In der Barbagia selbst hat der Begriff *balentía* eine viel erhabenere Bedeutung; er bezeichnet das höchste Potenzial eines Mannes, den Gipfel geistigen Adels, vereint mit einem festen Charakter. In seiner Idealform verkörpert der *balente* die männliche Perfektion, nach den Kriterien der Barbagia ist er jemand, der klug ist, geschickt und handlungsfähig. Das Gegenteil dieser drei Eigenschaften bringt den Nichtskönner hervor, den Zauderer und den Unbesonnenen, alle drei Antithesen des wahren *balente*, der besonders gut darin ist, den rechten Moment zu wählen, um die Ereignisse in die von ihm gewünschten Bahnen zu lenken. Darum ist im Mythos das Wort des *balente* nur mit Gold aufzuwiegen, und wer ihm sein Wort gibt, sollte es besser ebenso ernst meinen.

Antonio Pigliaru beschreibt sehr präzise, was man in der Barbagia meint, wenn man jemanden als *balente* bezeichnet.

> *Su balente* ist ein Mann, der taugt, der sich zu seinem Recht zu verhelfen weiß und auch danach handelt, selbst wenn, verstehen wir uns richtig, das Glück ihm nicht hold ist, auch

> wenn seine *balentía* in der praktischen Konsequenz nicht von einem angemessenen Erfolg gekrönt wird. Das Wichtige ist nicht, zu leben oder zu sterben, sondern als Mann zu leben oder zu sterben. [...] *Sa balentía* ist die Tugend, die dem Mann, dem Hirten in der Barbagia erlaubt, seiner eigenen Lage zu trotzen, Mann zu bleiben, Subjekt in einer unnachsichtigen, hoffnungslosen Welt, in der Existieren bedeutet, standzuhalten: einem stets feindlichen Schicksal standzuhalten, auf die einzige Art, die ihm möglich ist, indem er, wenn auch nichts anderes, immerhin die eigene Menschenwürde zu retten versteht.

In der Barbagia wird gerne gesagt, dass der *balente* niemals Gewalt anwende ohne Notwendigkeit, doch in zu vielen Orten ist die Schwelle der angeblichen Notwendigkeit viel zu niedrig angesetzt, ohne dass es heute noch – wenn es wahr ist, dass er einmal existierte – den soziokulturellen Kontext gäbe, der mildernde Umstände verheißen könnte: Die Hirtengesellschaft der Barbagia hat schon lange das Alibi verloren, undurchdringlich und ausschließlich selbstreferenziell zu sein. Heutzutage sind nur noch sehr wenige Verbrechen tatsächlich auf eine rigide Auslegung des alten Kodex zurückzuführen. Zu häufig dagegen die Gesetzesverletzungen, die in den letzten zehn Jahren mit schlimmen Bluttaten in verschiedenen Zentren nun auch Menschen betrafen, die früher als unantastbar galten: Frauen, Kinder und Alte. Darum hält sich der Mythos des romantischen *balente*, der Stärke zeigt nur gegenüber den Starken, auch nur mit Mühe noch in der kollektiven Vorstellung, und abgesehen davon ist die Barbagia die Gegend in Sardinien, die ihn am wenigsten kultiviert – im Gegenteil, den Bewohnern der Barbagia gefällt die schreiende Exaltation der Medien überhaupt nicht, die das Landesinnere Sardiniens zum willkommenen Schlupfwinkel für untergetauchte Verbrecher stilisiert. Was nicht heißt, dass sich dort keine Flüchtigen versteckt hätten oder noch verstecken, doch ist dies sicher nicht die Seite der Barbagia, mit der man als Besucher am leichtesten in

Verbindung kommt. Wer dort hinfährt, um Banditen zu sehen, wird nichts als Abwesenheit zu sehen bekommen, und dort wie überall ist es gute Sitte, von den Abwesenden zu schweigen. In dieser Abwesenheit scheint sich alles andere zu bewegen, angefangen bei den schnellen Schritten der Frauen am Ausgang der Kirche und dem festen Blick der Männer jeden Alters, die an die Mauer gelehnt stehen, und die vor den vielen Bars sommers wie winters noch immer häufig in Samthosen zu sehen sind. Die Straßen verlaufen kurvenreich zwischen den Mauern aus Granit, sie haben Gefälle, die unmöglich zu bewältigen scheinen außer zu Fuß. Wenn man mit angezogener Bremse an jemandem vorbeifährt, wird man manchmal von einem spontanen Gruß eines Passanten überrascht oder vom aufmerksamen Blick eines Jungen aus hellen Augen, die hier nicht selten anzutreffen sind.

Alle Dörfer der Barbagia schulden ihren Zauber dem ständigen Eindruck, in einem Paralleluniversum gelandet zu sein. Die Zeit, in der diese kleinen Gemeinden verhaftet scheinen, gleicht keiner bekannten historischen Zeit. Es fehlt vollkommen der Sinn von einer Kontinuität der Ereignisse, wie sie in die Architektur bestimmter mittelalterlicher Dörfer im Zentrum Italiens eingeschrieben ist, auch weil das Mittelalter, wie wir es aus Büchern kennen, hier niemals angekommen ist.

Man bekommt den Eindruck, dieser Ort hätte irgendwann einen präzisen Augenblick ausgewählt, um in ihm zu verharren, ihn einzufrieren. Eine Zeit, in der die Barbagia nicht nur nicht hinterherzuhinken scheint, sondern in vielerlei Hinsicht genau dort angekommen zu sein scheint, wo sie sein will. Der Schriftsteller Sergio Atzeni lässt in *Passavamo sulla terra leggeri* (›Leicht wandelten wir über die Erde‹) seinen Hüter der Zeit Antonio Setzu, der durch Erzählen das Netz der sardischen Geschichte spinnt, einen Satz sagen, der deutlich zeigt, wie sehr einige Sarden entschlossen sind, die Zeit anzuhalten mit nichts anderem als ihrer Willenskraft:

> Wir Hüter der Zeit haben es vorgezogen, unsere Geschichte an dem Tag enden zu lassen, als unserem Land seine Freiheit verloren ging.

Atzeni bezieht sich dabei auf das Jahr 1402, in dem die Richterin Eleonora di Arborea starb, was das Ende des letzten freien Rechtsbezirks in Sardinien bedeutete, der große Teile der heutigen Barbagia mit einschloss. Der Rechtsbezirk Arborea, der mächtigste und größte der ganzen Insel, wurde acht Jahre später tatsächlich unterworfen und geriet unter die Herrschaft der Aragonier, die ihm das Feudalsystem aufzwangen und die großartige Rechtskultur beendeten, die in Italien einzigartig war. Die Ausübung von Macht beruhte in den Rechtsbezirken auf einer Kombination von Elementen der weisen Nuraghenkultur (wie der kollektive Bodenbesitz) mit normativen Institutionen römisch-byzantinischer Herkunft. Diese Mischung sorgte dafür, dass der Regent keine absolute Macht ausüben konnte, sondern – zusammen mit einem kleinen Parlament, genannt *Corona de Logu* – auf das explizite Mandat des Volkes hin regierte, auf der Basis des sogenannten *bannus-consensus*. Wenn der Regent diesem Vertrag mit dem Volk zuwiderhandelte, konnte er abgesetzt und *in extremis* sogar getötet werden.

Die Auswirkungen des gemeinsamen Besitzes von Boden und des Verständnisses von Macht als stellvertretendes Organ des Volkswillens spürt man noch immer in der Barbagia, in vielen Aspekten des Gemeinschaftslebens und der jüngeren Geschichte finden sich bis heute seine Spuren. Eine Gemeinde der Barbagia zu verwalten und dabei seine Aufgabe dem Volk gegenüber nach anderen Kriterien zu bemessen, kann noch immer mehr oder weniger explizite Forderungen nach dem alten Konzept hervorrufen, nicht selten verbunden mit einer Drohung. Und doch ist die Barbagia nicht als in sich geschlossene, zurückgebliebene Welt zu betrachten. Jenseits des Eindrucks von Stillstand, der in den Dörfern im Landesinneren entsteht – befördert durch traditionelle Aspekte wie die noch immer verbreitete typische Kleidung und das stolze Zurschaustellen des Sardischen als vorherrschende Sprache –, gibt es einige klare Zeichen dafür, dass nicht alles so selbstreferenziell ist, wie es manchmal scheint.

Im Ort Orgosolo, der als Paradigma für den Geist der Barbagia gelten kann, wird diese Ambivalenz aufs Schönste in seinen suggestiven Wandmalereien, den *Murales*, deutlich – einer der beeindruckendsten Anblicke für alle Besucher Sardiniens. Obwohl die Murales noch relativ neu sind, sind sie so sehr mit dem Ort verwachsen, dass sich ganz Orgosolo mit ihnen identifiziert. Heute ist der Ort eine Open-Air-Galerie mit circa 150 zu besichtigenden Wandmalereien, gegenüber den mehr als 400, die im Laufe der Jahre realisiert wurden und dann verblasst sind.

Es war Francesco Del Casino aus Siena, mit einer Frau aus Orgosolo verheiratet und dort ansässig, der 1975 mit den Murales begann. Als Kunstlehrer leitete er seine Schülerinnen bei der Verschönerung einiger Hauswände des Dorfes an. Im Lauf der folgenden Jahrzehnte beteiligten sich Dutzende von Menschen an den Wandmalereien, Bewohner Orgosolos und Fremde, die auf die Hausmauern des historischen Zentrums Szenen des lokalen und internationalen Lebens malten, nach ihrer ganz eigenen Interpretation. Das Ergebnis ist ein außergewöhnliches künstlerisches Zeugnis, nicht zu vergleichen mit den anderen Dörfern Sardiniens, in denen es Wandmalereien gibt: Dort haben die Wandmalereien vor allem ornamentale Funktion, sie transportieren keine Inhalte der Gegenwartsgeschichte und haben keinen sozialpolitischen Wert. Auf den Mauern Orgosolos dagegen ist die Geschichte der ganzen Welt abgebildet: Neben den Darstellungen der Sarden stehen genauso selbstverständlich die brennenden Zwillingstürme, Gesichter aus dem beschossenen Gaza-Streifen, von Eltern, die ihre Kinder im Arm halten, die Klage der amerikanischen Indianer ohne Land und Identität, der Militäreinsatz in Äthiopien, die Schmiergeldaffäre Tangentopoli, die überall sonst in Vergessenheit geraten ist außer hier, die zahlreichen Militärbasen, der bei der Demonstration zum G8-Gipfel erschossene Carlo Giuliani, der Himmel, der keinen Regen mehr bringt, und der Kampf gegen einen nicht gewollten Park, gemeinsam ausgefochten und gewonnen. In den naiven Comiczeichnungen Orgosolos mischen sich die Sätze Emilio Lussus mit denen Helder Camaras, mit den Versen Brechts und Turoldos, den Gedanken Gramscis und Gershwins. An keinem anderen Ort Sardiniens geht von den Häusern selbst eine vergleichbare Bewusstheit aus, Versatzstück einer riesigen Welt zu sein, deren Echo bis dorthin vordringt und zwischen den Mauern widerhallt, bis es ein Teil davon wird.

Die Kritiker dieses Phänomens von Orgosolo heben gerne hervor, dass der Muralismus seinen Ursprung nicht in der sardischen Kultur hat, doch muss man bedenken, dass ohne die Akzeptanz der Gemeinde niemals möglich gewesen wäre, dass das Phänomen solch enorme Ausmaße annimmt und sich zu einer der effektivsten kulturellen Austauschmöglichkeiten entwickelt, die in diesem misstrauischen Landstrich möglich sind, der gewohnt ist, die Jahrhunderte und die jeweils neuen Invasoren ungerührt an sich vorbeiziehen zu lassen.

Die neueren Murales sind größtenteils dadaistisch und kubistisch inspiriert und werden gleichermaßen von den Bewohnern Orgosolos wie von Fremden gemalt, nach dem Einholen einer einfachen Erlaubnis des Besitzers der Mauer, die als Leinwand dienen soll. Der wichtigste Beitrag zu ihrer Entstehung wird in der Tat häufig verschwiegen, und den leisten diejenigen, die zulassen, dass das Kunstwerk auf ihrer Hausmauer entsteht, denn die Oberfläche bereitzustellen bedeutet, den Inhalt der Aussage zu akzeptieren, die darauf entstehen wird, eine Aussage, die in der Geschichte des Muralismus von Orgosolo beinahe immer politisch gewesen ist, alles andere als neutral.

Die Bewohner von Orgosolo sind die Komplizen der Murales, die weiterhin ein kollektives Werk darstellen, wenn kein künstlerisches, so doch auf jeden Fall ein ideologisches; die Mauer dareingeben oder das Herz, das bleibt eigentlich dieselbe Sache, wenn die Mauer die Wand deines Hauses ist, in dem du lebst, isst, Liebe machst, arbeitest und stirbst. Für die Bewohner Orgosolos scheint ein perfektes Gleichgewicht zu bestehen zwischen den Wänden im Inneren des Hauses, an denen vielleicht die Zeichnungen ihrer Kinder aus dem Kindergarten hängen, und den Fassaden, auf denen Interpretationen der Geschehnisse der Welt umgesetzt werden, in der ihre Kinder aufwachsen werden.

Auch als Gemeinde hat Orgosolo eine Entscheidung getroffen, die Murales bei sich entstehen zu lassen, denn eine Malerei auf einer Mauer gehört natürlich nicht allein dem Besitzer der Wand; sie ist für alle sichtbar, sie kann beleidigen oder trösten, zum Nachdenken oder zum Naserümpfen anregen, ganz abgesehen von der oftmals müßigen Diskussion über den künstlerischen Wert. Die Tatsache, dass von all den Malereien über die Zeit nicht eine einzige verunstaltet worden ist, nicht einmal die expliziteste oder die politischste, besagt deutlich, dass hinter der Existenz eines jeden Murale das schweigende Einverständnis einer ganzen Gemeinde steht, was zeigt, dass die Bewohner neben einem scheinbar lokalen Geist ein stilles globales Herz haben.

Provinz Oristano, historische Region: Montiferru, Gemeinde Abbasanta.

Provinz Cagliari, historische Region: Sarrabus-Gerrei, Gemeinde Goni.

Provinz Medio Campidano, historische Region: Sulcis, Gemeinde Guspini.

Provinz Nuoro, historische Region: Barbagia di Ollolai, Gemeinde Mamoiada.

2. Steine

Nuraghen, Mauern, Menhire und Bräute

> »Nuraghen, alle, die ich bisher gesehen habe, sind für mich ohne inneres Interesse. Ihr geheimnisvolles Vorhandensein in der Landschaft, eher noch darin habe ich ihren Reiz empfunden und ihn vor ihren kegelförmigen, Stein auf Stein getürmten Erscheinungen über mich ergehen lassen.«
> Elio Vittorini: *Sardinien. Ein Land der Kindheit*

Für die Sarden ist der Stein der wichtigste symbolische Ort der Erinnerung, denn aus Stein sind die sichtbarsten Zeichen einer uralten Geschichte, die sonst nicht viele sichtbare Zeichen hinterlassen hat. Diese Wahl der Steine als Erinnerungsträger ist so tief verwurzelt, dass man sich im Campidano einen kleinen Stein in die Tasche steckte, wenn man an etwas Wichtiges denken musste – *sa pedra de s'arregodu*, den Erinnerungsstein –, so wie man anderswo einen Knoten in ein Taschentuch macht.

Ob Basalt, Granit, Sandstein, Trachitstein oder Tuffstein, die gedankliche Verbindung zwischen Sardinien und den Steinen wird nur von einer übertroffen: der Verbindung mit dem Meer, und sie beginnt, noch bevor man einen Fuß auf die Insel gesetzt hat.

Schon 1932 beschreibt der junge Vittorini in seinem Reisetagebuch *Sardinien. Ein Land der Kindheit* seinen ersten Eindruck beim Anblick der Insel, als er noch nicht einmal das Schiff verlassen hatte, das im Golf von Cagliari angelegt hat: »Vor uns auf einem Berg ist, halb aus Felsen, halb aus Felshäusern, die Stadt aufgetaucht – ein sardisches Jerusalem.«

Auch wenn man mit dem Flugzeug ankommt, ist es unmöglich, abgesehen von der geringen Siedlungsdichte nicht auch die anderen steinernen Gebilde wahrzunehmen, die vielleicht weniger suggestiv sind als die, die den jungen Vittorini zu biblischen Vergleichen verleiteten, doch ebenso charakteristisch: das unregelmäßige Muster von Trockenmauern, das einen Großteil Sardiniens überzieht wie ein Netz mit rissigen Maschen. Im Unterschied zu den Ländereien anderer Regionen, die aus gleichmäßig geformten Flächen von oft beträchtlicher Größe bestehen, sind diese von Steinen umsäumten Felder meist sehr klein und haben keine rechteckig verlaufenden Grenzlinien, so als wären sie von der Hand eines Betrunkenen gezogen.

Das ist das Ergebnis der plötzlichen Einführung des privaten Landbesitzes in Sardinien, ein Konzept, das den Inselbewohnern bis 1820 völlig fremd war. Bis dahin war die Verwaltung des Bodens kollektiv geregelt durch die Normen, die im 14. Jahrhundert von der Richterin Eleonora d'Arborea in der *Carta de Logu* festgeschrieben worden waren: Auf der Basis dieser Gesetze hatte jedes Dorf seine eigenen Ländereien, die bezeichnenderweise *fundamentu*, Fundament, genannt wurden, geteilt in zwei Hälften, die beide im Besitz der Allgemeinheit waren. Die Nutzung dieser beiden Teile wechselte klugerweise jedes Jahr, sodass auf ihnen abwechselnd gesät und geweidet wurde, was außer einem nachhaltigen Umgang mit den Ressourcen auch das kollektive Interesse befriedigte, die Böden fruchtbar zu halten und vor Angriffen von außen zu schützen. Dieses geniale System der Bodenbewirtschaftung leitete sich direkt aus der antiken Nuraghenkultur ab, und all die Fremdherrscher, die sardischen Boden betreten hatten, hatten das System unangetastet gelassen. Doch 1820, unter der Herrschaft der Savoyer, wurde das Prinzip des kollektiven Bodenbesitzes plötzlich abgeschafft, durch das berüchtigte Gesetz *Editto delle chiudende*. In dem Versuch, eine neue bürgerliche Klasse bäuerlichen Ursprungs zu gründen, zerstückelten die Turiner Herrscher das sardische Ackerland: Fortan genügte es, irgendein Stück Land einzuzäunen, um automatisch in dessen Besitz zu gelangen. Dieses Gesetz hatte zur Folge, dass wie wild überall Mauern gezogen wurden, was in einem berühmten Vierzeiler des kabarettistischen Sängers Melchiorre Murenu, Stand-up-Dichter aus Macomer, meisterhaft beschrieben wird. Er ist auf der ganzen Insel bekannt, und seine Blindheit hinderte ihn nie daran, luzider Zeuge der Ereignisse zu werden:

Tancas serradas a muru
Fattas a s'afferra-afferra
Si su chelu fit in terra
*Si l'haiant serradu puru**

Die Aufstände, die sich erhoben, um die alte kollektivistische Ordnung wieder zu installieren, waren erfolglos: Durch das Gesetz *delle chiudende* wurde jeder Mann gleichzeitig Besitzer und Gefangener des kleinen Stücks Erde, das er sich gesichert hatte. Die sardischen Bauern, die zuvor Besitzer aller Böden gewesen waren und sie nach jahrtausendealten Regeln bewirtschafteten, waren plötzlich scheinbar absolute Herrscher über ihre kleinen dürren Flecken Land, zu deren Bewirtschaftung nur rudimentäre Gerätschaften zur Verfügung standen, und die dazu verdammt waren, in der Erbfolge immer kleiner zu werden, und vor allem unfruchtbar, da die alte Methode der abwechselnden Nutzung als Acker oder Weide nun nicht mehr möglich war. Dieses Gesetz ist der Hauptgrund für die Nichtexistenz einer intensiven Landwirtschaft in Sardinien, ausgenommen das Dorf Arborea in der Provinz Oristano, das in den 1920er Jahren ein Sumpfgebiet trockenlegte – im Zuge der Bonifizierung im Kampf gegen Malaria – und dieses unter rationaleren Kriterien bewirtschaftete: Der Ort ist noch heute von der Gemeinde venetischen Ursprungs bewohnt, die ihn gründete, und es ist sicher kein Zufall, dass er einer der fünf größten Milchproduzenten Italiens ist. Die charakteristische

* *Felder umschlossen von Mauern / Wer zusammenraffen kann, raffe zusammen / Wäre der Himmel auf Erden / Hätte er dem ein Ende bereitet.*

Trockenmauer, die den Touristen so sehr gefällt, muss also als Umsturz der bekannten Ordnung gelesen werden, als sichtbarer Beweis der verlorenen kollektiven Unschuld.

Hat man sich einmal an ihre primitive Machart gewöhnt, fällt auf, dass die Trockenmauern nichts weiter sind als eine hastig zusammengefügte Karikatur der Nuraghen, nicht nur, weil sie grob ihre zusammengesteckte Bauweise imitieren, sondern vor allem weil sie, im Eifer, sich des Bodens zu bemächtigen, dort, wo es möglich war, mit Felsblöcken gebaut worden sind, die den Nuraghen selbst entnommen wurden. Als Folge dieses Beutezugs – und auch durch die archäologischen Schatzjäger – ist der Zustand vieler zugänglicher Nuraghen stark beeinträchtigt, und viele wurden sogar vollständig zerstört. Trotzdem stehen geschätzt noch mehr als 7000 von ihnen, über die ganze Insel verstreut, viele noch nicht vollständig freigelegt.

Franceso Fresi bietet in seiner *Guida insolita*, seinem ›ungewöhnlichen Reiseführer‹, eine stimmungsvolle Beschreibung der Nuraghen, die dem entspricht, was jeder, auch wenn er nicht explizit danach sucht, entlang der Straßen der Insel sehen kann:

> […] aus der Ferne zerklüftete Backenzähne auf den unebenen Kieferknochen weiter Horizonte, von Nahem zerbrochene Türme in Form von Kegelstümpfen, hoch oben auf den Bergen oder geduckt in die Sohlen der Täler, bewachsen mit rötlichem Efeu und Moos, das aussieht wie eingerostet infolge der Trockenheit.

Die Nuraghen sind sicherlich das charakteristischste Merkmal der sardischen Landschaft, doch nicht einmal die Häufigkeit ihres Auftretens lässt im Betrachter ein Gefühl von Vertrautheit aufkommen: Es ist ein beunruhigender Gedanke, dass es nirgendwo anders etwas Vergleichbares gibt. Diese Steinkolosse verweigern in der Tat dem Auge jeglichen Halt, sie können in keinen bekannten historischen Rahmen eingebettet werden. Die Nuraghen sind vollkommen frei von irgendwelchen dekorativen Elementen, sie dienen keiner erkennbaren Funktion, doch vor allem strahlen sie, wie die Pyramiden und die anthropomorphen Statuen der Osterinseln, eine feierliche Würde aus, die alles in ihrer Umgebung auf ein flüchtiges Ereignis zu reduzieren scheint, die Besucher eingeschlossen.

Obwohl wahr ist, dass die Nuraghenkultur, die sich in der Bronzezeit zwischen 1800 und 300 v. Chr. entwickelte, im übrigen mediterranen Raum ihresgleichen sucht, wäre es dennoch falsch, ein weiteres Mal zu wiederholen, was jahrelang in den Schulbüchern stand, als die archäologische Forschung auf sardischem Boden noch in den Kinderschuhen steckte. Die Hypothesen über den Ursprung des antiken sardischen Volkes und die Bestimmung seiner Bauwerke reichten von der Annahme, dass die Nuraghen Abwehrtürme seien, Kultorte, Himmelsobservatorien oder Wohnstätten militärischer und religiöser Führer, bis hin zu der Theorie, es seien in Wirklichkeit Mausoleen von Helden der Gemeinschaft, Objekte irgendeiner vergangenen Verehrung. Zum aktuellen Stand der Studien kann man mit einiger Sicherheit sagen, dass nach der ersten Phase der Errichtung einfacher Steinhaufen (die sogenannten Pseudonuraghen) die finale Bestimmung der Nuraghen in einer kriegerischen Abwehrfunktion liegt. Dies besonders, wenn man die progressive Ausformung zu immer komplexeren Forts und Beobachtungstürmen betrachtet, mit denen das Meer bewacht werden konnte – was historisch zusammenfällt mit den Landungen von Phöniziern und Kathargern auf der Insel – und die so positioniert wurden, dass eine Übermittlung von Alarmsignalen durch Feuer auch auf große Entfernung möglich war. In den Erzählungen der Alten wird die Erinnerung an eine Zeit gegenwärtig, als man von jedem Nuraghen aus immer zwei andere im Blick hatte, eine Hypothese, die heute nicht mehr zu verifizieren ist, weil so viele zerstört wurden, die aber die Theorie der Verteidigungskette unterstützt. Der Schriftsteller Sergio Atzeni entwirft in seinem Buch, das die historische Entwicklung der antiken Sarden nachzeichnet, eine traumhafte Rekonstruktion:

> Umur aus Mu lernte, das Feuer zu entzünden nach Art der Ik, und baute den ersten *n'ur agh e*. In der Nacht waren die Flammen, die hoch in den Himmel züngelten, sichtbar bis nach Na. Usir aus Na baute den zweiten Nuraghen. In der Nacht sahen die Männer von Se die Flammen und bauten den dritten Nuraghen. Der Wind konnte den Feuern nichts anhaben, dank der Krone aus Stein, und es sprang auch nicht auf die Bäume über. Die Form der Krone, die sich obenhin verengt, vereinte die Flammen zu einem einzigen Feuer, einem einzigen Licht. Wenn Gefahr drohte, zündete Umur das Feuer an und schürte es, die Flammen loderten aus dem hohlen Steinkegel hervor wie Pfeile aus Licht, die rot und orange zu sehen waren von den ersten Bergen, von Weitem betrachtet in Weiß und Blau, in den Himmel geworfen, um die Insel vor der Ankunft der Feinde zu warnen.

Die Vermutung, dass diese Worte nicht bloß der Phantasie Atzenis entstammten, drängt sich auf, wenn man beispielsweise den Nuraghen Santu Antine in Torralba besucht, in der Provinz Sassari, historische Region Meilogu. Er ist einer der bedeutendsten und am besten erhaltenen der Insel. Wenn es die Wächter erlaubten, würde es genügen, sich im Turm in die Mitte des Innenraumes zu stellen, ein Stück Zeitungspapier zusammenzurollen und oben anzuzünden, um die Effizienz des Luftstroms zu beobachten, der durch die Öffnung in der Decke entsteht: Nicht einmal ein Funke fiele zu Boden, sondern stiege nach oben wie in einem Rauchabzug, ein System, das man unmöglich als zufällig ansehen kann. Vielmehr ist es Ausdruck einer präzisen Absicht und einer hochentwickelten Baukunst. Der oftmals erhöhte Standpunkt und die relative Homogenität in der Verteilung der Nuraghen bekräftigt ebenfalls die Idee eines kollektiven Mechanismus von Kommunikation und Abwehr, der so verbreitet war, dass der Archäologe Giovanni Lilliu vermutete, die Nuraghen repräsentierten den ersten Keim eines ›Nationalbewusstseins‹ der Sarden, das sich in der Abgrenzung von den fremden Völkern entwickelte, die über das Meer kamen.

Auch wenn der wichtigste Nuraghenkomplex der Insel weiterhin der außergewöhnliche Palast von Barumini bleibt, der von ebendiesem Lilliu in der Provinz Medio Campidano, historische Region Marmilla, ausgegraben wurde, steht der zugänglichste der repräsentativen Nuraghen in Losa, in der Provinz Oristano, an der Grenze zwischen der Hochebene von Abbasanta und der historischen Region Montiferru: Dieser Nuraghe liegt in einer Bucht der Staatsstraße 131, der Hauptverkehrsader Sardiniens, die das Rückgrat des Straßennetzes der Insel bildet. Besonders beeindruckend sieht er im Winter am frühen Morgen aus, wenn die Hochebene von Abbasanta noch von Raureif bedeckt ist und der Nuraghe sich wie ein schlafender Koloss majestätisch und in perfekter Stille über dem feuchten Gras erhebt. Die strengen Proportionen seiner Struktur verursachen beim Betrachter eine Wahrnehmungstäuschung: Erst wenn man direkt davor steht, ist es möglich, seine wahre Größe zu erfassen. Der Losa, der aus einer Entfernung von einigen Dutzend Metern noch aussieht wie ein Haufen aufeinandergeschichteter Steine, ist in Wirklichkeit ein circa dreizehn Meter hoher Turm, im Gegensatz zu den zwanzig Metern, die er wahrscheinlich in seiner ursprünglichen Form erreichte, und die weiche Führung des ihn umgebenden Mauergürtels ruft die optische Illusion hervor, dass es sich um eine Struktur mit kegelförmiger Basis handelt. In Wirklichkeit ist der Nuraghe, gesehen aus der Vogelperspektive, ein riesiges Kleeblatt aus Stein, mit einem dreiblättrigen Grundriss von erstaunlicher Komplexität. Die Zeit seiner Entstehung wird auf etwa 1000 v. Chr. geschätzt, das heißt, er entstand in der zweiten der drei Phasen der langlebigen Nuraghenkultur, in der die Bautechniken und die soziokulturellen Strukturen des Volkes der Protosarden auf ihrem Höhepunkt waren.

Die Theorie, die Nuraghen als zentrale Elemente eines Verteidigungsplans zu betrachten, scheint jedoch zur Bestimmung ihrer Funktion nicht auszureichen. In ihrem Inneren sind zahlreiche kleine Meisterwerke aus Bronze gefunden worden, die eine profunde Kenntnis der metallurgischen Verfahren offenbaren. Dies würde eine ausschließlich kriegerische Funktion der Nuraghen nicht rechtfertigen. Es handelt sich um die sogenannten nuraghischen Bronzearbeiten, insgesamt mehr als 500 Figuren von feinster Verarbeitung, die auf eine hierarchische soziale Organisation schließen lassen, mit einem König-Hirten als Oberhaupt, einer Priesterkaste, einer Kriegerkaste und dem Unterbau einer Weide- und Ackerbaukultur, wahrscheinlich regiert von in Clans organisierten Familien, die in Dörfern mit Hütten aus Steinen und Blättern lebten, um den Hauptturm des Nuraghen herum gruppiert.

Die Statuetten, die hauptsächlich im Museo Nazionale Sanna in Sassari verwahrt werden, stellen Figuren beiderlei Geschlechts in Szenen des alltäglichen Lebens dar, Haustiere und wilde Tiere, reale und Votivboote, Krieger in schreckenerregender Kampfmontur, urzeitliche Götter und verschiedene religiöse Zeremonien. Elio Vittorini gefielen diese Bronzefiguren jedoch keineswegs, in seinem Reisetagebuch beschreibt er die Meisterwerke der Nuraghenkunst mit Entsetzen und weist ihnen eine Idolfunktion zu.

> Grünlich, wie aus Meeresschlick herausgezogen, lächeln sie ihr unanständiges Lächeln und recken die mit phallischen Emblemen beladenen Ärmchen in ihr gläsernes Universum. Wie Mumien uranfänglicher Pithekanthropoi sehen sie aus. Zumindest auf den ersten Blick. Dann begreift man, was für bronzene Höllenfiguren es sind. Und wir suchen in uns nach dem religiösen Gefühl, das in ihnen einmal den Gegenstand seiner Verehrung erkannt hat. Götzen, die man in der Hosentasche tragen, ins Nachtschränkchen legen oder kleinen Kindern als Ersatz für ein verlorenes Spielzeug in die Hand geben kann. Schutzgeisterchen. Man kann gar nicht glauben,

daß sie dreitausend Jahre alt sind. Eher, daß sie noch immer in Dörfern wie Oliena hergestellt werden; um sie danach auf eine Konsole zu Füßen des Madonnenbildes zu stellen.

Der größte Teil der Bronzefiguren ist auf dem Schwarzmarkt für archäologische Grabungsfunde gelandet; nicht selten wurde die Plünderei der Nuraghen von den Sarden selbst vorgenommen, die Fundstücke von unschätzbarem Wert ohne große Skrupel an Sammler und Kunsthändler verkauften. Noch heute kann es passieren, dass dort, wo sich viele noch nicht vollständig freigelegte Nuraghen befinden, der plötzliche und unerklärliche Reichtum eines Bewohners misstrauisch betrachtet und die Möglichkeit eines Fundes (mit anschließendem Verscherbeln) in Betracht gezogen wird.

Die Deutung der Figuren als Votivpüppchen, die die Totenreise der Oberhäupter der Nuraghenkultur begleiteten, passt zu der Theorie, es handle sich bei den Nuraghen um Tempel oder Mausoleen verstorbener Helden, die dann zum Mythos wurden. Diese Theorie scheint sich in dem kuriosen Brauchtum der Inkubation zu bestätigen: der Glaube, dass es möglich sei, von vornehmlich psychischen Leiden (Halluzinationen, Besessenheit, Manien, aber auch Epilepsie) geheilt zu werden, wenn man im Inneren eines Nuraghen schläft. Aristoteles berichtet als Erster von diesem Brauch, eine Information, die später von Tertullian aufgenommen wird: »... ein gewisser sardischer Held erlöste diejenigen von ihren Visionen, die in seinem Tempel schliefen.« Dieses Ritual belegt, dass der Kranke – mit Hilfe von Kräutern oder psychotropen Pilzen – in einen tagelangen chemischen Schlaf versetzt wurde, den er im Inneren eines Nuraghen verbringen musste, in Gegenwart der geheimnisvollen Leiche eines mutmaßlichen nuraghischen ›Helden‹. Von diesen Leichen wurde in den Nuraghen nie eine Spur gefunden, doch das tut der Möglichkeit eines solchen Brauchtums keinen Abbruch.

Das Studium der Bronzefiguren ergibt noch einen anderen interessanten Aspekt: die Gleichstellung von Frauen und Männern in der nuraghischen Gesellschaft. Dieses konstituierende Element der sardischen Kultur blieb auch in den folgenden Jahrhunderten konstant und gelangte beinahe unberührt bis in unsere Tage, trotz der langen Fremdbeherrschung durch andere, deutlicher patriarchalisch und sexistisch angelegte Kulturen.

Wieder ist es Atzeni, der sich die Kriegerfrauen der sardischen Urgeschichte vorstellt, Königinnen der Nuraghen, genauso bereit, zu den Waffen zu greifen, wie ihre Männer:

> Lea aus Se bedeckte den Nuraghen mit Holz, Kork und Blattwerk und verbarg sich im Dunklen, um Usir zu gebären, der auf die Welt kam und mit seiner Mutter dreißig Tage und dreißig Nächte im Inneren des Nuraghen blieb. Die einunddreißigste Nacht war mondlos, Lea und Usir traten ins Freie. Usir wuchs und sah mit den Augen des Adlers, sprach mit den Pferden, wurde dreißig Mal von unbesiegbaren Kämpfern herausgefordert, und dreißig Mal gewann er und tötete. Nie hatte es auf der Insel einen Krieger gegeben wie ihn. Viele Frauen beschlossen, Kriegersöhne zu gebären, jede Mutter imitierte wenigstens bei einem Sohn Lea aus Se, gebar im Nuraghen und blieb dort dreißig Tage und dreißig Nächte eingeschlossen mit dem Neugeborenen.

Die Bedeutung des weiblichen Elements in der Nuraghenkultur scheint auch in den Spuren des Kultes auf, man findet bemerkenswerte Darstellungen sowohl in Bronze wie auch in Stein. Die Komplementarität des männlichen und des weiblichen Prinzips war der entscheidende Angelpunkt der eigenen Welt.

Ein Beispiel dieser Synthese sind die Menhire, die über die ganze Insel verstreut stehen, teils vereinzelt, teils in langen Reihen, riesige Zähne, die stark den megalithischen Funden in der Bretagne ähneln. Die größte Dichte von Menhiren findet sich auf Sardinien im archäologischen Park Pranu Muteddu, in der Gemeinde Goni, Provinz Cagliari, in der historischen Region Sarrabus-Gerrei.

Die Faszination dieser Monolithen verhält sich seit jeher direkt proportional zu ihrer Rätselhaftigkeit: Oft wurden sie für eilig errichtete Phallussymbole gehalten, doch die sardischen Menhire können Merkmale beider Geschlechter tragen, je nach Machart und Standort. Die weiblichen haben konkave oder konvexe Formen, und in manchen Fällen sind deutlich Brüste zu erkennen, während die männlichen glatt sind und auf das stilisierte männliche Geschlechtsteil anspielen. Andere sind Entwürfe menschlicher Figuren, die keine erkennbaren Geschlechtsmerkmale tragen. Dass all diese Typen von Menhiren Elemente eines Kultes seien, einer Art Fruchtbarkeitsritus, ist nur eine Theorie, ebenso wie die Annahme, ihre Standorte seien nach einem astronomischen Prinzip ausgewählt; aber es wäre eine Theorie, die ein Echo in den traditionellen Märchen findet – den sogenannten *contos de fuchile*, eine ganz eigene literarische Gattung, die an den Feuerstellen entstand. Die Märchen erzählen davon, wie in der Alta Marmilla und der Barbagia bei Seulo die Frauen, die unfruchtbar waren, sich regelmäßig in die Täler der Menhire begaben, wenn der Mond richtig stand. Sie hoben ihre Kleider und rieben mehrmals den nackten Bauch über die kalten Steine, nachdem sie sich und den Megalithen mit einer dafür vorgesehenen Salbe eingeschmiert hatten. Ob es sich dabei um eine reine Legende handelt oder nicht, ein Besuch in Pranu Muteddu lohnt auf jeden Fall und ist besonders beeindruckend zur Stunde des Sonnenuntergangs, wenn von den in den Boden gerammten Steinen lange Schatten ausgehen, die die Formen der Monolithen aufzulösen beginnen, genau wie die Fragen der Wissenschaftler und Besucher.

Nicht nur die Kreativität des Menschen ist von den sardischen Steinen inspiriert worden, sondern die Natur selbst war es, die durch den Wind, das Meer und ihre Kapriolen wahrhafte Statuen erschaffen hat. Berühmt sind die Felsen in der Gallura, die der Mistralwind zu Tierformen geschliffen hat, wie der riesige Steinbär von

Palau. Sehr viel weniger bekannt, weil fernab der üblichen touristischen Pfade, sind die sogenannten Orgelpfeifen des Berges Cepara im Inneren des Ortes Guspini. Es handelt sich um einen kleinen und äußerst seltenen Basaltkegel vulkanischen Ursprungs, der von der sardischen Regierung zum Naturdenkmal und von der Europäischen Union zum Unesco-Welterbe erklärt worden ist. Dieses geologische Kleinod besteht aus basaltischen Prismen, die etwa zwanzig Meter hoch sind und die so regelmäßig nebeneinander aufgereiht stehen, dass sie exakt die Form von Orgelpfeifen imitieren. Basaltsäulen wie diese entstehen allein durch das langsame Aufsteigen von Magma durch enge Risse, unter hohem Druck: Beim Erstarren formt die Lava die perfekte vertikale Kante der hohen Säulen. Es gibt verschiedene Spuren dieser vulkanischen Phänomene auf der Insel, doch keines ist so bis ins kleinste Detail ausgeformt wie das von Guspini, dessen einziger Nachteil es ist, Teil eines Privatgartens zu sein, sodass man den Besitzer vor Betreten um Erlaubnis fragen muss.

Die Leidenschaft der Sarden für den Stein ist in den letzten Jahren auch beim Hausbau wieder deutlich geworden. Dort, wo man es sich leisten kann, wird der Stein weiterhin jedem anderen Baumaterial vorgezogen. Manchmal jedoch passiert es, dass man bei der Renovierung eines alten, beispielsweise geerbten Hauses überraschend auf kostbare Steine stößt: so geschehen den glücklichen Besitzern eines Bed and Breakfast in Mamoiada, einem kleinen Dorf in der Barbagia di Ollolai, einige Dutzend Kilometer von Nuoro entfernt. 1997, während der Aushebungsarbeiten für ein kleines Schwimmbad, stießen die entgeisterten Besitzer auf eine Steinstele aus dem Neolithikum, die beinahe drei Meter hoch ist, verziert mit Motiven aus konzentrischen Kreisen unterschiedlichen Durchmessers. Auf dem Stein sind auch vorchristliche Kreuze in verschiedenen Größen abgebildet, mit unumstritten magischer Bedeutung, die wahrscheinlich mit Fruchtbarkeitskulten und dem Kreislauf von Tod und Wiedergeburt der

Natur und der Jahreszeiten zu tun hatte – typisch für die Religiosität der Völker des Neolithikums. Der eigenartige Menhir, der vor dem gleichnamigen Bed and Breakfast ausgestellt ist, wurde dann *Stele di Boeli* getauft, nach dem Namen seines Fundortes. Er ist in seiner Art einzigartig in Sardinien (die anderen beiden Exemplare, die jedoch in kleine Stücke zerbrochen sind, standen beide in der Umgebung von Mamoiada), doch es gibt verschiedene ähnliche Funde aus derselben prähistorischen Periode in Irland, Schottland, Großbritannien und Südfrankreich, was den wildesten Spekulationen Tür und Tor öffnet. Die Verbindung zum Stein und damit zur Geschichte trägt auch dazu bei, die fragile und oftmals verborgene Beziehung zwischen Erinnerung und Identität zu stärken.

Für den, der diese Besonderheiten der sardischen Landschaft aufmerksam betrachtet, gibt es auch eine andere mögliche Reise, eine *via della pietra*, einen Weg der Steine, der nicht zu archäologischen Zielen führt und leicht nachzuvollziehen ist, wenn man die Dörfer vom Zentrum nach Westen abfährt: Innerhalb weniger hundert Kilometer kann man, ausgehend von Oristano in Richtung Sassari, deutlich die Grenzen zwischen den historischen Regionen erkennen, indem man das Material der Häuser in den Dorfkernen betrachtet: Ziegel aus Schlamm und Stroh in Campidano, wo der zerbrechliche goldbraune Sandstein zu porös ist, um gegen das Eindringen von Feuchtigkeit zu schützen; die Faszination des auffälligen Trachitsteins, der die urbane Landschaft von Barigadu in so viele verschiedene Rottöne hüllt; die Eisenreflexe des vulkanischen Basalts, die man in Montiferru zu sehen bekommt, und die Schönheit der alten Häuser aus rotem Torfstein in der Planargia, bis man schließlich die zweifarbigen Fassaden der romanischen Kirchen von Meilogu und Logudoro erreicht, eine sukzessive Entdeckungsreise in ein wenig bekanntes Sardinien und sein sprechendes steinernes Herz.

Provinz Nuoro, historische Region: Barbagia,
Gemeinde Nuoro.

Provinz Nuoro, historische Region: Barbagia di Orgosolo,
Gemeinde Orani.

Provinz Nuoro, historische Region: Mandrolisai,
Gemeinde Atzara.

Provinz Sassari, historische Region: Nurra,
Gemeinde Alghero.

Provinz Sassari, historische Region: Logudoro,
Gemeinde Pattada.

Provinz Oristano, historische Region: Montiferru,
Gemeinde Santulussurgiu.

Provinz Medio Campidano, historische Region: Campidano,
Gemeinde Guspini.

Provinz Nuoro, historische Region: Barbagia di Orgosolo,
Gemeinde Gavoi.

3. Kunst

Stahl, Notwendigkeiten, Worte und andere Rohstoffe

> »Ich war bei mir zuhause, als Tourist. Strandland. Ciambella-Land. Urlaubsland. Ich habe mich genau betrachtet in meiner Festtagstracht. Und ich habe mich gesehen, wie die anderen mich sahen, nicht wie ich war. Denn sich den Blicken der anderen anzupassen, kann zu einer Überlebensform werden, doch ebenso zu einer Form der Euthanasie.«
> Marcello Fois: *Io ho visto*

In einem Land, wo sogar der Wind den Eindruck erwecken kann, schon immer derselbe gewesen zu sein, fällt es schwer zu glauben, dass es dort eine schnelllebige Kunstszene gibt, mit Werken, die ganz anders sind, als man sie in den engen Läden der historischen Stadtzentren zu finden erwartet. Die Kunst atmet in Sardinien mit zwei Lungen, der Tradition und der Moderne, und in den letzten Jahren ist sie insgesamt so lebendig wie nie zuvor, von der Musik bis zur Malerei, von der Literatur bis zur Mode.

Die künstlerische Explosion der Insel kann man nur zur Gänze würdigen, wenn man den *antro dell'artigiano*, die Höhle des Künstlers, im Sulcis kennt und das *Museo d'Arte Provincia di Nuoro* (MAN), das Museum für Moderne Kunst von Nuoro. Gerade der Erfolg dieses Museums, dessen Besucherzahlen sich innerhalb der ersten zehn Jahre nach seiner Eröffnung vervierfacht haben, ebenso wie die Zahl der ausgestellten sardischen Künstler, steht für die größte Herausforderung, die die Kunst in Sardinien gemeistert hat: sich nicht als zufällig entstandenes archäologisches Freilichtmuseum zu begreifen, das gerade mal in der Lage ist, ein wenig stotternd über die Vergangenheit zu berichten, und die Erzählung der Gegenwart und der Zukunft nicht den designierten Kulturhauptstädten der Welt zu überlassen. Heute ist das MAN in seiner kleinen weißen Villa im Zentrum der historischen Piazza, die dem Schriftsteller Sebastiano Satta gewidmet ist, eines der interessantesten Museen der italienischen Kunstszene. Hier sind Kunstwerke zu sehen, von denen es noch vor einigen Jahren undenkbar gewesen wäre, sie auf dieser Seite des Meeres zu betrachten, und es werden sardische Künstler im schwierigen und hart umkämpften internationalen Wettbewerb gefördert. Es ist das größte Verdienst des Museums von Nuoro, als Schwungrad für die künstlerische Vitalität der ganzen Insel gedient zu haben, die sich auch auf die Stadt Cagliari ausdehnt: Dort finden Dutzende von Museen und Kunstgalerien, Kreative jeden Formats und ungewöhnliche Open-Air-Installationen große Aufmerksamkeit.

Leider hat es das Kunsthandwerk, verstanden als spontane Produktion von etwas Nützlichem und gleichzeitig Schönem, schwer, mit diesem kulturellen Erdbeben Schritt zu halten. Es gibt nur noch wenige Werkstätten in einigen Orten, in denen man noch die *maistos*, die alten Handwerksmeister, finden kann. Die Figur des Meisters, egal welchen Handwerks, ist von großer Bedeutung in einer Gesellschaft, die von Ackerbau und Schafzucht lebt, in der die einzige Schule die Erfahrung und das einzig nützliche Wissen das praktische ist. Auf der Insel, deren Wirtschaft jahrhundertelang darauf ausgelegt war, ein Auskommen zu haben, und die nur sehr wenige Ressourcen für Überfluss hatte, kam demjenigen, der das Geheimnis kannte, wie man auf außergewöhnliche Weise gewöhnliche Dinge herstellen konnte, entsprechendes soziales Prestige zu, ganz gleich ob Mann oder Frau. Die Knappheit der Ressourcen hat den unbedingten Willen zur Schönheit nicht zerstört, sondern im Gegenteil unerwartete Blüten hervorgebracht. Sie widerlegen entschieden das Vorurteil, dass in einer Welt der Armut nichts zweckfrei Schönes existiert, höchstens etwas gut Gemachtes.

Das deutlichste Beispiel dafür, dass sich sardisches Kunsthandwerk keineswegs allein der Funktionalität beugte, war die Verarbeitung der Stoffe und Schnitte bei den traditionellen Trachten, besonders der Dörfer im Landesinneren. Diese bestechen durch eine Fülle leuchtender Farben, Stickereien und wertvoller Stoffe, vollkommen unverhältnismäßig angesichts des Gebrauchs, für den sie vorgesehen waren. Wenn man sie heute in einer der vielen Trachtenausstellungen der Insel sieht, stellt man erstaunt fest, dass die Frauen zu Hause bis in die 1950er Jahre noch buchstäblich wie Königinnen gekleidet waren, und ihre Männer auf der Weide wie Prinzen von Königreichen, die niemandem bekannt waren außer ihnen selbst. Diese Eleganz hebt auch Lawrence hervor, als er 1921 fasziniert die traditionelle sardische Kleidung beschreibt, speziell die der Männer:

> Ich sehe den ersten Bauern in der Landestracht. Er trägt die schwarz-weiße Tracht, und die steht diesem älteren, netten, aufgerichteten Mann vorzüglich. Er hat ein langärmeliges, weißes Hemd an, dazu eine knappe Weste aus schwarzem, festem, hausgesponnenem Fries, die tief ausgeschnitten ist. Der Rock ist aus dem gleichen schwarzen Stoff, und er trägt schwarze Pluderhosen aus derbem Leinen, vom Rock aus geht ein Band zwischen den Beinen hindurch. [...] Über den Kopf hat er die schwarze Strumpfmütze gezogen, die mit ihrem Ende hinten herabbaumelt. [...] Das Farbspiel ist wunderbar kontrastreich – wenn er ausschreitet, blitzt es weiß und schwarz, diese Pluderhose mit den weißen Gamaschen, das schwarze Wams, die Weste, die weißen Ärmel und die weiße Hemdbrust, die schwarze Mütze, das ist eindrucksvoll wie bei einer Elster. Wie großartig kann der Mann aussehen, wenn seine Männlichkeit ausgedrückt wird. Und wie lächerlich macht ihn die neuzeitliche Kleidung.

Natürlich trägt heutzutage kein sardischer Mann mehr Kleidung, die auch nur entfernt an das erinnert, was den englischen Schriftsteller so beeindruckte, und nur in sehr wenigen Dörfern im Landesinneren kann man noch Frauen eines gewissen Alters in verschiedener traditioneller Kleidung oder Teilen davon sehen. Und doch haben sich einige Elemente dieser Kleidung in die Ära der seriellen Textilfabrikation hinübergerettet.

Die entscheidende Veränderung in der Kleidung der Männer erfolgte zwischen den 1960er und 1970er Jahren, als die traditionellen Stoffe aus *orbace*, dicker Schafwolle, beinahe vollkommen von Jeans und schwarzen Poloshirts verdrängt wurden. Erst in den 1980er Jahren hat die jüngere Generation in vielen Dörfern im Landesinneren spontan einen Kleidungsstil wiederaufleben lassen, der die lokale Zugehörigkeit ausdrückt, in einer Art Wiederentdeckung der eigenen Identität, die auch einen präzisen Kodex äußerer Zeichen mit einschließt. Sie folgen dabei einem geheimnisvollen sozialen Mechanismus: der Fähigkeit der Sarden, über die Jahrhunderte ihre eigenen kulturellen Werte gegen die Einflüsse der Kolonialisierung zu verteidigen. Vor allem geht es hier um mit Engelsgeduld handgefertigte Männerhemden und um die Verwendung von Samt anstelle von Schafwolle für Hosen, Jacken und Hüte. Unter den Jugendlichen der Regionen im Landesinneren der Barbagia und Ogliastra sind solche Kleidungsstücke sehr gefragt, und dank dieser liebevoll gefertigten Nischenprodukte überlebt das Wissen der alten *maistos de pannos*, der Schneidermeister, deren guter Ruf in den letzten Jahren oftmals auch bis übers Meer gedrungen ist. Der bekannteste Fall ist der von Paolo Modolo, Schneider aus Orani, der außer traditionsliebende Sarden wie den ehemaligen Staatspräsidenten Francesco Cossiga und den Schriftsteller Salvatore Niffoi, auch Staatsmänner, Sportler und Mitglieder des Jetset verschiedener Nationalitäten in Samt gekleidet hat. Nach der Krise der 1970er Jahre, die beinahe das Ende der antiken sardischen Schneidertradition bedeutet hätte, ist es heute ein Statussymbol, einen Samtanzug von einem der Meister zu besitzen – was nicht heißen soll, dass es zu einem Privileg für Wenige geworden ist. Es reicht, durch ein Dorf wie Orgosolo zu spazieren, um zu sehen, dass auch in den Schäfergemeinden, wo die Hirten nach der Rückkehr von den Weiden in der Bar sitzen, der Samt vorherrscht.

Ganz anders sieht es aus, wenn man die traditionelle weibliche Kleidung betrachtet. Obwohl es, im Vergleich zur männlichen, ohne Zweifel länger gedauert hat, bis diese Kleidung verschwand, scheint sie keine Chance zu haben, eine ähnliche Erneuerung zu erfahren. Die unvergleichliche Preziosität und Feinheit der Stoffe und Stickereien der traditionellen weiblichen Kleidung ist nicht kompatibel mit der schnelllebigen Zeit, ganz abgesehen von der enormen Komplexität und den hohen Herstellungskosten der weiblichen Tracht. Auch das immergleiche Aussehen der Tracht erwies sich als unvereinbar mit den wechselvollen Vorgaben der Modeindustrie, die sich zu jeder Saison verändert. Es ist kein Zufall, dass die ersten Trachten, die von der Bildfläche verschwanden, gerade die am reichsten verzierten waren, die inzwischen nur noch bei touristischen Schauprozessionen, in ethnographischen Museen oder sardischen Tanzgruppen zu sehen sind.

Der unrühmliche Niedergang der weiblichen Tracht hat etwas mit dem Unterschied zwischen der Tradition, also dem, was jedes Volk für sich selbst tut, und dem folkloristischen Akt zu tun, der ausschließlich dem Vergnügen der Fremden gewidmet ist. Nur noch bei den Alten sieht man heute traditionelle Kleidungsstücke, wenn sie aus der Kirche kommen – in einigen Dörfern im Landesinneren, wo noch die Witwentrachten in Gebrauch sind, die gerade geschnitten und dunkler sind, doch ebenfalls aus wertvollen Stoffen.

Das Kaleidoskop der ursprünglichen Farben bleibt nur noch in Lawrences Beschreibungen in lebendiger Erinnerung, in der berühmten Passage über die Prozession im Dorf Tonara in der Barbagia:

> [...] dann folgten, farbenfroh, die Frauen. Zwei und zwei nebeneinander, dichtauf, sie sangen nachlässig, wenn die Reihe an ihnen war, und alle waren leuchtend und wunderschön gekleidet. Zuerst gingen die kleinen Mädchen, gemessen und ehrbar, lange, scharlachrote Röcke reichten ihnen bis an die Knöchel, unten waren grüne Säume; sie trugen weiße Schürzen, grün und farbig abgesetzt, und unter den weißen Hemden trugen sie hochrote, violett eingefaßte, offene Boleros. Und sie hatten schwarze Tücher so um den Kopf gebunden, daß nur die Gesichter frei waren in diesem schwarzen Rahmen. Sie sahen prächtig aus und so steif wie Prinzessinnen von Velasquez. [...] Zwei goldene, ornamentale Filigrankugeln hielten die hoch geschlossenen, weißen Hemden zusammen. [...] Die Trachten glichen sich nicht aufs Haar. Einige waren grüner als die anderen. Einige Frauen trugen die ärmellosen Boleros in einem dunkleren Rot, bei manchen war der Zierat ärmer, es fehlten die üppigen unteren Borten. [...] Und der abgestufte Farbton hob die Schönheit der schreitenden Frauenschar nur umso deutlicher hervor.

Fehlen der wiederauflebenden traditionellen Schneiderkunst auch noch die Werbeträger, um eine signifikante wirtschaftliche Bedeutung zu erlangen, so hat die moderne Schneiderkunst einen umso exzellenteren Meister in Antonio Marras gefunden, dem genialen Stylisten aus Alghero, der es aus dem elterlichen Schneidergeschäft bis zu einer Firma brachte, die 2003 die weibliche Linie des Hauses Kenzo entworfen hat. Die Bedeutung der Person Marras' für die Entwicklung der sardischen Kunst ist in jeder Hinsicht parallel zu der des Jazzmusikers Paolo Fresu: Sie sind nicht nur aus lokalpatriotischen Gründen Aushängeschild der Insel, abgesehen von der internationalen Anerkennung, die sie für ihre kreative Arbeit erfahren. Der wahre Grund ist ein symbolischer, denn in einem Klima des wirtschaftlichen (und lange Zeit auch kulturellen) Niedergangs, wie es beinahe überall auf Sardinien herrscht, sehen die meisten den Sprung auf den ›Kontinent‹ als optimalen Ausgangspunkt zur Selbstverwirklichung. Im Gegensatz zu dieser Logik haben die beiden Künstler die ungewöhnliche Wahl getroffen, einen Teil der Aufmerksamkeit, die ihnen zuteil wurde, auf ihrem schwierigen Heimatboden zu investieren. Paolo Fresu rief das Internationale Jazzfestival in Berchidda ins Leben; Antonio Marras hat als Standort nicht eine der Hauptstädte der internationalen Mode gewählt, sondern blieb in seinem Geburtsort Alghero und betreibt dort seinen berühmten *showroom*. Das Prestige, das die permanente Ausstellung Antonio Marras' im historischen Zentrum von Alghero mit sich bringt, hat nicht wenig dazu beigetragen, die Küstenstadt zu einem Anziehungspunkt für Besucher aus aller Welt zu machen.

Arresojas

Das Hauptproblem des Kunsthandwerks – ganz gleich welcher Herkunft – ist es, mit der Zeit zum Souvenir degradiert zu werden. Viele Dinge, die früher als Gebrauchsgegenstände dienten, haben heute ihre Funktionalität verloren und werden nur noch für Touristen und Ethno-Liebhaber produziert. In Sardinien waren große Teile des Kunsthandwerks dennoch bis vor einigen Jahrzehnten aktiv. Danach sind nur noch die sehr hochwertigen Produkte geblieben, deren individueller Besitz zum Statussymbol geworden ist: goldene Filigrankugeln zum Beispiel, handgefertigte Stickereien und antike Sitztruhen aus Birnbaumholz, Objekte, die hauptsächlich auf Bestellung produziert werden, als Luxusgegenstände.

Die einzige Ausnahme bildet das typische Messer, das *arresoja* oder *resolza*, das, da es nach wie vor als Verlängerung des Arms vieler Bauern dient, nie zum Souvenir werden konnte. Die Geschichte des Arresoja ist eine Geschichte von Kunst, Kultur und Arbeit, wie diejenige der Hirten und Bauern, die es für tausend verschiedene Dinge ihres Lebens im Freien benutzen: von der komplizierten Veredelung einer Pflanze über das Schnitzen von

Holzfiguren in den langen Nächten beim Hüten der Tiere. Sogar im Campidano, wo die Tradition des Messers sicher weniger verwurzelt ist als im Landesinneren, drückt sich die Normalität des Gebrauchs einer Klinge bei den alltäglichsten Dingen in dem populären Sprichwort aus: *cussu portat pani e arresoja a manu*, ›Er hat das Brot und das Messer in der Hand‹, was den Zustand desjenigen beschreibt, dem alle Möglichkeiten offenstehen und der auch die Fähigkeit hat, sie zu nutzen.

Der Besucher betrachtet mit instinktivem Misstrauen die Gewohnheit vieler Sarden, ein Klappmesser bei sich zu tragen, ein Arresoja, weil er ihm fälschlicherweise die Funktion einer Schnittwaffe zuschreibt. Natürlich kann ein Arresoja auch als solche verwendet werden, doch für die Sarden ist es ebensowenig Waffe wie ein Schweizer Taschenmesser. Darum sieht man die Klingen normalerweise in den Schaufenstern jedes Einkaufszentrums ausgestellt, und die Hauptkunden dieser Form des Kunsthandwerks sind nicht die Touristen, sondern die Sarden selbst, die dem Arresoja beinahe einen fetischhaften Status einräumen. Es ist auch nicht unüblich, Miniaturversionen davon als Schlüsselanhänger zu tragen. Dennoch sieht man nie einen Sarden, der zum Zeitvertreib mit einem Messer hantiert, denn in keinem Fall darf ein Arresoja in Originalgröße aus der Tasche gezogen werden, ohne dass eine objektive Notwendigkeit dafür besteht.

Abgesehen von der Vorliebe der Inselbewohner für Taschenmesser produziert die sardische Messerindustrie heute hauptsächlich für Sammler und Kunst, mit einem internationalen Liebhabermarkt, der ein jährliches Volumen von 1.800.000 Euro erwirtschaftet und etwa sechzig hochspezialisierte Fachkräfte beschäftigt, was für Sardinien nicht wenige sind. Die kunsthandwerklichen Messerschmiede findet man noch in vielen Orten der Insel, trotz der starken Konkurrenz von der anderen Seite des Meeres, die in den letzten Jahren den Sektor beinahe in die Knie gezwungen hat, indem sie industriell gefertigte

Messer sardischen Typs zum halben Preis auf den Markt warf. Die Stahlklingen der heutigen Arresojas sind wahre Kleinode und weisen häufig Verzierungen und künstlerische Gravuren auf, und die Griffe aus Knochen, Hammelhorn oder Olivenholz sind jeder für sich ein einzigartiges Kunstwerk, oftmals außerordentlich wertvoll.

Die renommiertesten Werkstätten sind die von Santulussurgiu, Arbus, Pattada und Guspini. In Guspini findet in den geraden Jahren die Biennale des sardischen Messers statt, die Tausende von Sammlern aus allen Teilen der Welt in die alten Räumlichkeiten der Minen von Montevecchio zieht, ironischerweise verbunden durch die Leidenschaft für ein Objekt, das dazu dient, Dinge zu zertrennen.

Die Insel der Geschichten

Es gibt noch weitere wertvolle Gegenstände, die es verdient hätten, dass man ihren Weg nachzeichnet, auf der Suche nach einer Schönheit, die noch im Verborgenen aus der Geduld des Kunsthandwerkers entsteht. Schönheit war bis über die Mitte des 18. Jahrhunderts Normalität in den Häusern der Leute, wie die schwedische Schriftstellerin Amelie Posse Brázdová in ihrem Buch *Interludio di Sardegna* (Sardisches Zwischenspiel) schreibt:

> Ich kann sagen, dass ich nirgendwo etwas fand, das sich auch nur annähernd mit der Lebendigkeit und Originalität der Kunstwerke messen ließe, die ich auf Sardinien gesehen hatte. Einer der Gründe dafür ist zweifellos die Tatsache, dass das Leben in Sardinien noch so ursprünglich ist. Überall habe ich feststellen können, dass die originäre populäre Kunst mit dem Aussterben des Analphabetismus stirbt. Diese beiden Phänomene sind so deutlich miteinander verknüpft, dass man blind sein muss, um die Verbindung zwischen ihnen nicht zu erkennen.

Entgegen dem Eindruck Amelie Posses ist die Existenz eines umgekehrt proportionalen Zusammenhangs von

Kunsthandwerk und Alphabetisierung nicht offensichtlich: als zerstörte die Alphabetisierung die Fähigkeiten der einfachen Leute, Schönheit zu erschaffen. Das langsame Sterben des Kunsthandwerks ist viel eher mit der Modernisierung der Produktion verbunden, die in unterschiedlichem Ausmaß alle sozialen Bereiche beeinflusst hat. Aber wenn die schwedische Schriftstellerin absurderweise doch Recht hätte und die Schulbildung verantwortlich dafür wäre, der populären Kunst den Todesstoß zu versetzen, so bliebe es dennoch das Verdienst der Schule, den Sarden das Mittel geschenkt zu haben, Millionen von Geschichten eine dauerhafte Stimme zu verleihen, die seit Jahrhunderten auf der Insel allein durch mündliche Überlieferung und Erinnerung überlebt hatten – mit dem Resultat, dass die Sarden, seit sie gelernt haben zu schreiben, nicht mehr aufgehört haben, es zu tun. Das zeigt nicht zuletzt die fruchtbare verlegerische Produktion, die in den letzten Jahren Erfolge auch außerhalb der italienischen Landesgrenzen gefeiert hat, mit Namen wie Marcello Fois, Salvatore Niffoi, Milena Agus, Giulio Angioni, Giorgio Todde und vielen anderen, unter anderem dem jungen Nicola Lecca, der mit dreißig Jahren schon in die prestigeträchtige Nobelpreis-Bibliothek aufgenommen wurde.

Die Zahl der lebenden sardischen Schriftsteller, die Romane veröffentlichen, ist so groß, dass man, wenn man die geringe Bevölkerungsdichte betrachtet, auf einen Schriftsteller pro 7000 Einwohner kommt: Beinahe jedes Dorf hat seinen Schriftsteller. Es ist, als habe Sardinien jahrhundertelang geschwiegen und könne jetzt, durch den Chor der verschiedenen Stimmen erwacht, gar nicht erwarten, sich der Welt mitzuteilen.

Keine Kunst der Insel ist so populär und so generationenübergreifend wie die des Geschichtenerzählens, sodass sich sogar lokale literarische Strömungen gebildet haben, wie *sos contos de fuchile*, die Erzählungen der Feuerstellen, oder *sos contos de jannile*, die Erzählungen der Häuserschwellen, denn was wirklich zählt, sind Zeitpunkt und Ort, an dem man sich versammelt, um die Geschichte zu hören, mehr noch als ihr eigentlicher Inhalt.

Der rituelle Moment des mündlichen Geschichtenerzählens war über Jahrhunderte die einzige Geschichtsschreibung, die einzige Literatur und vielleicht auch die einzig mögliche Form der kollektiven Erinnerung für die Sarden. Darum ist das, was heute als literarisches Phänomen betrachtet wird, nichts als die sichtbare Spitze des Eisbergs aus Geschichten, die jetzt alle an einer neuen Feuerstelle zusammentreffen, auf dem internationalen Festival von Gavoi, das nicht zufällig den Namen *Isola delle Storie*, Insel der Geschichten, trägt. Seit mehreren Jahren wird das kleine Dorf in der Barbagia nun jeden Sommer zur Hauptstadt einer unsichtbaren Nation, deren Bewohner die Geschichten, Bilder und Musiken der Insel und der ganzen Welt sind. Ins Leben gerufen wurde das Festival von einigen Schriftstellern, in Zusammenarbeit mit der gesamten lokalen Bevölkerung, und die Atmosphäre ist so intim, dass jede Piazzetta zum Wohnzimmer wird und jede gepflasterte Straße zu einem Pfad der Überraschungen. Denn entlang der Granitmauern des kleinen Zentrums, zwischen den schmiedeeisernen Fenstergittern und den alten Holzportalen, hängen dann Dutzende großer Fotos mit den Gesichtern der Autoren, die in den vergangenen Jahren am Festival teilgenommen haben, fotografiert in Privathäusern in Gavoi, zwischen den Möbeln derjenigen, die für einen Tag das eigene Haus für den Erzähler geöffnet haben. Dieses eigentümliche symbolische Verzeichnis zeigt mehr als jedes andere Ereignis, wie sehr die Insel mit der alltäglichen Erzählkunst verbunden ist, in deren Macht es steht, die Abwesenden zu vergegenwärtigen und sie still in die Landschaft einzubinden. Die Erzählung scheint wieder Erinnerung geworden zu sein, die Erinnerung Gemeinschaft und die Gemeinschaft Gastfreundschaft, denn auch die ist auf der Insel eine Form von Kunst.

Provinzen Medio Campidano und Carbonia-Iglesias,
historische Regionen: Campidano und Sulcis-Iglesiente,
Gemeinden Guspini, Arbus und Buggerru.

Provinz Oristano, historische Region: Campidano di Oristano,
Gemeinde Cabras.

Provinz Oristano, historische Region: Planargia,
Gemeinde Bosa.

4. Grenzen

Küsten, Küstenschutz und Minen

> »Schließlich fahren wir zum Meer hinunter. Immer, auch Hunderte von Kilometern von der Küste entfernt, spürt man in Sardinien, daß das Meer von allen Seiten in der Luft strahlt. Eine richtige Insel ist Sardinien, in seinem Strahlen und seinen Stürmen. Noch in tausend Meter Höhe riecht es irgendwie salzhaltig.«
> Elio Vittorini: *Sardinien. Ein Land der Kindheit*

Eintausendachthundert Kilometer schönste Küstenlinien zu besitzen, muss nicht immer nur Glück bedeuten, wie es den Abertausenden begeisterten Touristen auf den ersten Blick scheinen mag, die jedes Jahr nach Sardinien reisen. Vielmehr haben die Sarden über die Jahrhunderte gelernt, dass vom Meer viel schlimmere Dinge kommen können als Touristen in Bermudas und frischer Fisch, und die Älteren hegen ihm gegenüber noch heute oft ein ausgeprägtes Misstrauen, sodass man selbst in den Küstenorten Personen trifft, die sich rühmen, niemals schwimmen gelernt zu haben.

Dieses Misstrauen verwundert nicht, wenn man bedenkt, dass die sardischen Küsten im Lauf der Jahrhunderte vor allem als offene Türen für die Invasoren aus allen Richtungen fungierten. Sie waren so stark frequentiert, dass man noch heute die übereinandergelagerten Spuren dieses Durchgangsverkehrs in den archäologischen Überresten der Küstenstädte Tharros, Nora und Monte Sirai sehen kann. All diese Dörfer wurden zerstört oder schikaniert, so lange, bis andere bewaffnete Truppen vom Meer kamen und die Eroberer zwangen, sie wieder aufzugeben.

Gerade die geomorphologische Beschaffenheit der Küste hat aber dafür gesorgt, dass sich Sardinien durch die Jahrhunderte hindurch den verschiedenen Invasoren als nur scheinbar einfach zu stehlendes Schmuckstück darbot, denn es ist so leicht zu erobern wie nach der Besetzung schwierig zu halten, trotz aller Bemühungen, wie die vielen spanischen Aussichtstürme beweisen, die entlang der gesamten Küstenlinie verteilt sind. Ob Phönizier, Karthager, Römer, Pisaner, Genuesen, Aragonesen, Spanier oder Piemontesen, all die aufeinanderfolgenden Fremdherrschaften mussten ihre Rechnung mit dem wechselhaften Profil der sardischen Küste machen, die vornehmlich aus Sandstränden und natürlichen Häfen besteht. Jedes Mal, wenn eine neue Macht sich auf der Insel etablierte, war sie gezwungen, den Großteil ihrer Ressourcen auf die Verteidigung an doppelter Front zu verwenden. Auf einer Seite drohten ständige Angriffe vom Meer, auf der anderen der verbissene Widerstand der wenig zugänglichen lokalen Bevölkerung, die nur selten zweifelte, ob sie lieber einen Pakt mit den Fremden eingehen oder sich ins Landesinnere zurückziehen sollte, auf ein so unwegsames Gelände, dass es nicht einmal der bestens organisierten römischen Invasion je gelang, weit dorthin vorzudringen. Wahrscheinlich hat deshalb kein Historiker des Römischen Reiches die Gelegenheit ausgelassen, schlecht über Sardinien zu schreiben: Es war eine Art literarische Vergeltung.

Die Vorstellung vom Meer als Bedrohung sitzt so tief, dass die Sarden, trotz aktueller archäologischer Entdeckungen, die eine antike Vergangenheit als Seefahrer vermuten lassen, ab einem bestimmten Punkt ihrer Geschichte nicht einmal mehr die Möglichkeit in Betracht zogen, zur See zu fahren, was ziemlich ungewöhnlich ist für eine Insel. Doch in einem so viel befahrenen Meer wie dem Mittelmeer gab es genug andere, die sich auf den Weg zu ihnen machten.

Die Volksweisheiten erklären oft besser als tausend anthropologische Untersuchungen die Vorsicht der Küstenbewohner gegenüber dem Meer. Sehr deutlich wird das in einem eigenartigen Sprichwort der Küstendörfer im Sinis, Gemeinden, die zum Großteil gerade aus der gewaltsamen Entvölkerung von Tharros entstanden, der antiken phönizisch-punischen Stadt. Während es anderswo üblich ist, diejenigen, die sich zu sehr bitten lassen, mit den Worten zu entlassen: *a pregare si va in chiesa*, zum Beten ist die Kirche da, sagt man in Cabras kurioserweise: *a pregai a mari*, das heißt, zum Beten solle man ans Meer gehen. Dieser Ausspruch evoziert viele verschiedene Bilder, allesamt Situationen der Bedrohung, und alle gleichermaßen eindrucksvoll: die Frau am Ufer, die die Rückkehr ihres Gefährten erwartet, der in der Hoffnung auf eine anhaltende Meeresstille aufgebrochen ist; der Mann auf dem Boot, der betet, dass die Nacht ihm nicht nur Wasser und Algen ins Netz treiben möge; die Wache auf dem Turm, die beim Anblick feindlicher Schiffe am Horizont ein Gebet murmelt; und vielleicht auch der letzte klare Gedanke desjenigen, der zwischen den Wellen darum bittet, dass sein Leben verschont werden möge. Abgesehen davon, dass all diese Situationen zu verständlichen Anrufungen der Gottheiten verleiten, zeigen sie auch, dass das Meer als gefährlichster aller sardischen Reichtümer betrachtet wird.

Vielleicht ist das nicht ganz falsch, selbst wenn die Boote, die heutzutage an den Küsten landen – abgesehen von denen der verzweifelten außereuropäischen Flüchtlinge, die Sardinien als Schleuse nach Europa benutzen –, beinahe ausschließlich die der Touristen sind, deren endloser Strom während der Sommermonate die Bevölkerungszahl der Insel auf das Doppelte anwachsen lässt. Es ist also utopisch, im August einen verlassenen Strand zu erwarten, wenn man in einem Luxusresort oder einer Ferienanlage in der Küstenregion von Gallura absteigt. Obwohl das Meer dort wunderschön ist, können die massenhaften touristischen Strukturen nicht spurlos an ihm vorübergehen, die im Zuge der Bauspekulationen der vergangenen Jahrzehnte geschaffen wurden. Die Entscheidungen der lokalen Verwaltungen sind verantwortlich für die Entstehung dieser – je nach Standpunkt – exklusivsten Ferienorte Italiens oder schlimmsten Verletzungen eines wilden, wunderbaren Landstrichs.

Im Sommer ist jeder Winkel des Meeres in Gallura von einem Boot besetzt, doch im Frühling kann man das Gefühl eines *day after* erleben, das so typisch ist für viele Urlaubsorte an der Küste: Man geht durch ein gespenstisches, verlassenes Porto Cervo, gepeitscht vom Mistralwind, durch Porto Rotondo mit den verriegelten Fensterläden seiner spanisch anmutenden kleinen Villen, der leeren Piazzetta und einer irrealen Stille überall, die sich zu revanchieren scheint für den sommerlichen Lärm von Promisternchen und VIPs.

Neben dem Krippenmodell aus Pappmaché, das die Costa Smeralda verkörpert, gibt es natürlich auch eine andere Art von Tourismus, kultiviert und achtsam, der das Interesse eher wieder auf Naturparks, geschützte Reservate und all die Abschnitte der sardischen Küste lenkt, die praktisch unberührt geblieben sind. Doch besteht das Risiko, dass keine Form von Tourismus bereit ist, sich mit einer wirklich intakten Welt auseinanderzusetzen, die all der Bequemlichkeiten entbehrt, die der durchschnittliche westliche Urlauber als minimalen Standard gewohnt ist. Die Worte des Schriftstellers Marcello Fois bringen mit weiser Bitterkeit die Enttäuschung des Touristen zum Ausdruck, der ernsthaft erwartet, die Wunder der jungfräulichen Natur in üblichem Komfort erleben zu können:

> Ich habe ganze Armeen von Freunden vom Festland an die Strände geführt, um ihnen das Beste zu bieten, was ich besaß. Ich erwartete bewundernde Blicke, doch diese Blicke waren nur Teil einer Komödie. Hinter den Felsen suchten sie nach dem Resort, und am Strand das Strandbad und einen vernünftigen Kiosk direkt am Wasser.

Der Tourismus bewegt große Geldmassen, und gerade durch die Nachfrage aus dem Ausland beginnen die Sarden selbst, das Gut ›Küste‹ in seinen verschiedenen Ausprägungen wertzuschätzen. Die Abstufungen sind dabei wichtig, nicht nur, um als Tourist zu entscheiden, in welchem Sardinien man seine Zeit verbringen möchte, sondern auch und vor allem, weil man, ohne sie zu begreifen, nicht einmal das heutige Sardinien vollkommen verstehen kann. Immer geht es um die Dialektik zwischen der notwendigen Expansion des Tourismussektors und dem Schutz der natürlichen Ressourcen. Auf der einen Seite ist der Tourismus für viele die neue Industrie. Man hält diese Industrie für ›leicht‹ im Vergleich zu derjenigen der 1960er Jahre, die auf Sardinien die Leichen verschiedener Ökomonster und Dutzende Arbeiter zurückgelassen hat, die von den Leistungen der Lohnausgleichskasse der inzwischen geschlossenen Fabriken leben.

Wer die Möglichkeiten erahnt, die in der Entwicklung des Bausektors stecken, betrachtet die Küsten als die neuen Minen, aus denen Kubikmeter um Kubikmeter von bewohnbarem Luxus geschöpft werden kann, zu verkaufen an alle, die es sich leisten können. Für die Gegner dieses Wachstumsmodells lautet das Zauberwort dagegen ›nachhaltige Entwicklung‹, die mit einer Reihe von Begrenzungen vornehmlich im Bauwesen erreicht werden und die Umwelt so weit wie möglich schonen soll.

In diesem ökonomischen und ideologischen Gefecht spielte gerade die Vision der Landesentwicklung eine wichtige Rolle, die mit der Verabschiedung eines neuen Küstenschutzgesetzes bestätigt worden ist. Das Gesetz wurde von vielen Seiten blockiert, weil es verbietet, Neubauten auf dem geschützten Streifen bis zwei Kilometer vor dem Meer zu errichten, im Gegensatz zu den bisher geschützten 300 Metern. Diese Einschränkung wird von den meisten Bürgermeistern der Küstengemeinden als zu großes wirtschaftliches Risiko gesehen, die sich damit auch von der Idee verabschieden mussten, als lokale Verwalter die absoluten und unanfechtbaren Herrscher über das eigene Gebiet zu sein.

In der Tat wirft das Küstenschutzgesetz zum ersten Mal konkret die Diskussion über das Gemeinschaftsinteresse an den Küsten auf, die nicht automatisch nur den Gemeinden gehören, in deren Gebiet sie liegen, sondern durch ihre strategische Rolle ein Gut der ganzen Insel sind, Besitz aller Sarden von heute und morgen.

Im Panorama dieser Erwägungen bedeutet die Wahl eines Küstenurlaubsortes auf Sardinien vielleicht heute mehr denn je, ein bestimmtes Modell zu befürworten, Position zu beziehen. Der wirklich alternative Ort, an dem die zukünftige Entwicklung abzulesen sein wird, ist die westliche Seite der Insel, das lange Stück sardischer Küste, das noch beinahe vollkommen jungfräulich ist, von der Insel San Pietro bis zum Städtchen Bosa. Es handelt sich um eine etwas abenteuerliche Gegend, wo sich in beeindruckender Harmonie Wildreservate und verlassene Minen abwechseln, unberührte Strände und senkrecht aufragende Klippen, Feuchtgebiete von großem naturschützerischem Interesse und goldene Sanddünen, die zu den größten Europas zählen, und all das ohne wilde Bauvorhaben, die das Gesicht der Küste irreversibel verändert hätten. Der Hauptgrund für dieses Wunder ist ein objektiver infrastruktureller Defekt, der die Westküste Sardiniens schwerer erreichbar macht, nicht nur für Touristen: Die Verbindungsstraßen sind äußerst defizitär, auch die, die man benutzen muss, um in die anderen Teile der Insel zu gelangen. Der Zug fährt niemals dicht am Meer vorbei, auf der gesamten Westseite gibt es keine Passagierhäfen und keine Flughäfen. Mit dem Auto dorthin zu gelangen, ist ein schwieriges Unterfangen – und ohne Auto ist es schlichtweg unmöglich. Doch wenn man motiviert genug ist, erlebt man eine Fahrt mit atemberaubenden Ausblicken, die nicht nur auf der Insel selbst, sondern im gesamten Mittelmeerraum ihresgleichen suchen.

Die Costa Verde

Von Süden her kommend ist die Costa Verde ein unverzichtbares Ziel, die ›Grüne Küste‹, so genannt wegen der dominierenden Farbe der üppigen wilden Vegetation, die bis an den Strand heranreicht und ihre Aromen mit den salzigen des Meeres mischt.

Was diese Gegend so einzigartig macht im Vergleich zum Rest der Insel, ist die Kombination aus einer praktisch unberührten Natur und einem der schönsten und besterhaltenen Komplexe industrieller Archäologie in Europa: die Minen im Sulcis Iglesiente, die zu weiten Teilen zum Unesco-Welterbe gehören. Der Mineralreichtum Sardiniens war schon bei den Phöniziern bekannt, doch erst zwischen dem 19. und dem 20. Jahrhundert bekam die Fördermenge der Insel internationale Bedeutung. Die Produktivität war so hoch, dass sie in den 1930er Jahren zehn Prozent der Fördermenge von Blei und Zink auf der ganzen Welt ausmachte.

Die größten Minenkomplexe sind die von Levante und Ponente bei Montevecchio, in den Gemeinden Guspini und Arbus, deren Aktivität erst in den 1980er Jahren vollständig zum Erliegen kam: Heute sind die Minen und die Natur, die sie umgibt, zu einem geo-mineralischen Park von außerordentlichem historischem Interesse geworden. Ein Besuch dort ist eine unvergleichliche Erfahrung. Nichts kommt dem Anblick der Häuser der Minenarbeiter gleich, die in Piccalinna und Sant'Antonio noch beinahe vollkommen intakt stehen, und dem der Werkzeuge, der Maschinen unter freiem Himmel (darunter der Schacht und das Maschinenhaus, wahre technologische Kleinode für diese Zeit). Dazu die Jugendstil-Villen der Verwalter, die weitläufigen unterirdischen Bereiche der Minengesellschaft, Förderwagen voller Steine, Schächte und Gänge, wo Hunderte von Männern, Frauen und sogar Kindern gearbeitet, gelebt und manchmal ihr Leben verloren haben. All das auf den Steilklippen über dem Meer oder eingezwängt zwischen den vom Grün überzogenen Berghängen, in einer unwirklichen Stille, die es schwer macht, sich die hektische Betriebsamkeit vorzustellen, die eine Anlage von dieser Größenordnung belebt haben musste. Montevecchio ist heute ein so faszinierendes wie melancholisches

Reiseziel: Nicht einmal die Magie der unverdorbenen Natur, die es umgibt, kann den Eindruck schmälern, man besuche eine Geisterwelt, in der Maschinen und Illusionen gemeinsam daran gearbeitet haben, schließlich alles dem Rost zu übergeben, und wo der menschliche Tribut, der dem Wunder des Fortschritts gezollt worden ist, aus heutiger Sicht vollkommen unangemessen erscheint.

Vittorini vergleicht bei seinem Besuch in Iglesias die Minen mit einem Höllenkreis und sich selbst mit Dante, der die Verdammten mit Blicken streift, mit dem Schweigen des entgeisterten Zeugen:

> In Iglesias, wo die Sarden in den Bergwerken arbeiten, habe ich jedoch keine Freude mehr gesehen, kein Grübeln. Gesehen habe ich das Nichts der täglichen Mühsal. […] Wie bei Sklaven in einer karthagischen Grube. Bei der Besichtigung der Gießerei rührten die armen Teufel, nackt bis zum Gürtel und hoffnungslos verzweifelt, in den großen Kesseln mit flüssigem Blei. Einer hat seinen gewaltigen, mit glühendheißer Suppe vollen Löffel über uns geschwungen, und einen Augenblick lang habe ich sie in der Luft sausen gespürt: seine ganze teuflische Lust, ihn herabschwirren zu lassen und uns das Zeug ins Gesicht zu spritzen.

Nur wenige wissen, dass tatsächlich in den nahegelegenen Minen von Buggerru 1904 der erste Arbeiteraufstand der industrialisierten Welt ausbrach. Er wurde durch das Niedermetzeln dreier Minenarbeiter beendet, die gegen die unmenschlichen Arbeitsbedingungen der französischen Minengesellschaft Malfidano protestiert hatten. Die Firmen, die in diesem Gebiet arbeiteten, waren eher ausländische als italienische: Französische, belgische und englische Industrielle investierten ihr Kapital in die mineralischen Ressourcen des Sulcis, so zum Beispiel der englische Adelige Lord Brassey. Doch der unterirdische Reichtum der sardischen Berge fand in diesen Jahren so viele begeisterte Anhänger, dass auch Abenteurer und Kleinunternehmer dorthin kamen, die ihr Glück suchten, unter ihnen Honoré de Balzac, der einen finanziellen

Engpass dadurch ausgleichen wollte, dass er an der nordwestlichen Küste Sardiniens Silber schürfen ging. Henry Hoover suchte, bevor er Präsident der Vereinigten Staaten wurde, in den Minen von Nuoro nach Kupfer. Auch die Familie Modigliani verweilte einige Zeit in der Gemeinde Buggerru, wobei ihnen eine Konzession zugutekam, die Cavour verschiedenen wohlhabenden Familien zum Ausgleich für seine Schulden angeboten hatte. Unter diesen Umständen malte der junge Amedeo Modigliani das weltbekannte Portrait der Medea Taci.

Die Spuren der Hüttendörfer kennzeichnen die Küste auf wundervolle Weise: Pranu Sartu in der Gemeinde Buggerru steht direkt an der Steilklippe über dem Meer, auf einer Schienenstrecke von 900 Metern, auf der bald ein kleiner Touristenzug die Mineralstationen abfahren wird, in atemberaubenden Kurven auf den Felsvorsprüngen über dem Meer.

Das Schicksal der Strände an der Costa Verde nahm einen umgekehrten Verlauf: Als in den Minen noch gearbeitet wurde, erweckten diese Küsten kein Interesse, das nicht mit dem Transport der Mineralstoffe auf dem Seeweg zu tun hatte, und darum blieben sie praktisch unberührt. Ihr Wert wurde dermaßen unterschätzt, dass auf dem goldenen Sandstrand von Piscinas sogar eine Strafkolonie errichtet wurde. Erst als der Bergbau zum Stillstand kam, bemerkte man, dass die Küsten von außerordentlicher natürlicher Schönheit waren. Auf dem perfekten Küstenstreifen von Piscinas findet sich ein einziges Bauwerk: ein altes Depot der Bergbaubahn, das heute ein Luxushotel ist. Die Besonderheit von Piscinas sind die wandernden Dünen, mit bis zu einhundert Metern die höchsten Europas, modelliert vom Mistralwind, der zu jeder Jahreszeit vom Meer bläst. Dieses Wüstenphänomen von Piscinas ist ein einzigartiges Spektakel, und mit seinen 3 000 Hektar bietet es vielen seltenen wilden Pflanzenarten einen Lebensraum, genau wie dem Sardischen Hirsch, der diesen Teil der Küste wiederbevölkert hat, nachdem er beinahe als ausgestorben galt. Das Meer ist kristallklar und tief, auf jeden Fall gefährlich. Dennoch liegt Piscinas, ebenfalls Teil des Unesco-Welterbes, außerhalb der bekannten touristischen Routen, weil die letzten sieben Kilometer Straße dorthin nicht asphaltiert und zu bestimmten Jahreszeiten sogar teilweise überschwemmt sind, durch die Nähe des unberechenbaren Flusses Rio Naracauli.

Der Sinis und sein Meeresschutzgebiet

Fährt man in Richtung Norden bis zum oberen Ende des Golfs von Oristano, sollte man sich keinesfalls das Meeresschutzgebiet des Sinis und die Insel Mal di Ventre entgehen lassen, ein strenggeschütztes Gebiet im Verwaltungsbereich der Gemeinde Cabras, eines dicht besiedelten Dorfes, das allein gut 35 Kilometer quarzhaltige Sandstrände im Wechsel mit ursprünglichen Felsformationen, Wildreservaten, weitläufigen Feuchtgebieten und interessanten archäologischen Stätten in die Waagschale wirft.

Die Küste des Sinis ist eine viel weniger raue und besser zugängliche als die des Sulcis, doch die Spuren menschlicher Anwesenheit sind sehr diskret, sodass man auch hier spektakuläre unberührte Strände findet. Von den vielen leicht mit dem Auto erreichbaren sind die Strände von Is Arutas und Mari Ermi die beeindruckendsten. Ihr Sand besteht aus Körnern von reinem Quarz, die häufig mit Reiskörnern verglichen werden und die auch unter der glühenden Sonne des sardischen Sommers kühl bleiben. Dieser einzigartige Sand entstand durch die tausendjährige Erosion der quarzhaltigen Gebirgsmassive der nahen Insel Mal di Ventre. Die Strände werden als Paläostrände klassifiziert, was sie zu wertvollen geologischen Fundstätten macht. Die Versuchung, sich eine Handvoll Quarzsand für das heimische Aquarium mitzunehmen, bis vor einigen Jahren ein unverzichtbares Ritual für den Durchschnittsbesucher, kann diesen heute teuer zu stehen kommen. Die Gesetze zum Schutz von Is Arutas und Mari Ermi gibt es auch deshalb, weil diese Strände in den 1970er Jahren geradezu geplündert wurden. Ganze Wagenladungen ihres kostbaren Sandes schaffte man weg, nachdem er für geeignet befunden worden war, die hauptsächlich felsigen Küsten anderer sardischer Küstenabschnitte zu bedecken, wo damals die Pools der Ferienanlagen entstanden, besonders an der Costa Smeralda. Die einzigen Gebäude an diesen langen schmalen Stränden sind die Holzhäuschen der Bars und einige vereinzelte Binsengrashütten, die der Witterung getrotzt haben.

Nördlich von Mari Ermi, entlang einer Schotterstraße, die meist nur von Landwirtschaftsfahrzeugen auf dem Weg zu den angrenzenden Feldern benutzt wird, ändert sich plötzlich die Landschaft. Vom Strand steigt abrupt ein zwei Kilometer langer Kalksteinfelsen auf, der an einigen Stellen bis zu dreißig Meter hoch ist: Das sind die Klippen von Su Tingiosu, ein geologisches Wunder, das vor zehn bis zwanzig Millionen Jahren entstand, in denen verschiedene Arten von Seevögeln nisten. Von seinem Gipfel hoch über dem Meer Sardiniens kann man, umringt von der Üppigkeit wilder Rosmarinbüsche und Immortellen, die Aussicht auf die Insel Mal di Ventre genießen. Diese Pflanzen wachsen in symbiotischer Vereinigung zu dicht verzweigten Sträuchern, ähnlich wie Kräuterkissen, die einem, wenn man diesen Weg in den frühen Morgenstunden geht, außer der atemberaubenden Aussicht auch noch ein absolut einzigartiges olfaktorisches Erlebnis bereiten.

Die faszinierendste und aussichtsreichste Strecke der ganzen Küste von Sinis geht von dem aragonesischen Turm aus, der den kleinen Ort San Giovanni überragt, und umrundet dann das Kap von San Marco, die tropfenförmige Halbinsel, die im Norden den Golf von Oristano abschließt. Der Weg, den man nur zu Fuß zurücklegen kann, dauert etwa zwei Stunden und beginnt mit einer Durchquerung der schmalen Sandzunge, die das Kap mit dem Festland verbindet. An diesem Punkt hat man das

Meer wie durch ein Wunder auf beiden Seiten, das oftmals einen vollkommen gegensätzlichen Anblick bietet: Aufgewühlt von hohen Wellen auf der einen Seite und vollkommen ruhig auf der anderen. Wenn man sich Zeit lässt, kann man auf der ganzen Strecke unglaubliche Einblicke in das kristallklare Wasser, in versteckte Buchten mit feinem Sand, in die Rückzugsorte der Schildkröten und der wildlebenden Hasen in der mediterranen Macchia genießen, oder das Vorbeiziehen einer weidenden Ziegenherde im misstrauischen Abstand, den beeindruckenden Leuchtturm an der äußersten Spitze des Kaps und den Ausblick von den archäologischen Ruinen von Tharros, der phönizisch-punischen Stadt, deren reale Ausdehnung bis heute unbekannt ist. Richtet man seinen Blick auf das Festland, fällt auf, dass die Gegend vollkommen eingewoben ist in spiegelnde Wasserflächen, auch im Inland, die eine Art innere Süßwasserküste bilden, an deren Ufern Flamingos und Dutzende andere seltene ornithologische Spezies nisten.

Die Sinis-Halbinsel zu erreichen ist nicht schwer, dort eine Bleibe zu finden hingegen schon: Wegen der strengen Restriktionen zum Schutz der Küste findet man nur selten Hotels, während familiärere Herbergsformen wie Bed and Breakfasts und Agriturismen sehr verbreitet sind. Die Küste des Sinis war schon strengen Bestimmungen unterworfen, ehe das radikale Küstenschutzgesetz verabschiedet wurde, was sich als großer Vorteil erwies – wenn nicht für die Zahl der zur Verfügung stehenden Hotelbetten, so doch für den Erhalt der Landschaft.

Die Küsten der Planargia

Den Küstenabschnitt entlangzufahren, der Cabras und Alghero trennt, ist viel mehr als einfach nur die Überwindung einer Distanz: Es ist ein Ziel für sich. Die Straße ist ein sechzig Kilometer langer Belvedere, der zwischen den niedrigen Bergen des Montiferru und der Steilküste über dem Meer entlangführt. Es ist ratsam, zunächst vollzutanken, denn von der Kleinstadt Cuglieri aus trifft man über Dutzende von Kilometern nur auf das Geräusch des Autos, das leuchtende Blau des Meeres, das eiserne Rot der Basaltfelsen und das Weiß der Herden, die in dieser Gegend wie nirgends sonst ein ständiges Motiv in der Landschaft bilden. Der Eindruck, der einzige Überlebende auf der Erde zu sein, wird erst wieder gemildert, wenn man nach Bosa kommt, eine Stadt, die beruhigt und bezaubert durch die beeindruckende Farbigkeit der bunten Fassaden ihrer kleinen senkrecht aufragenden Häuser im historischen Stadtkern, die sich mit einem Zimmer pro Stockwerk an die Hänge unter der Burg der Familie Malaspina klammern. Bosa und die nahegelegenen Häfen sind entschieden moderner organisiert als die im Süden, vielleicht weil das Städtchen aus historischen Gründen schon immer ein wichtiges Handels- und Tauschzentrum gewesen ist, vielleicht auch, weil die Nähe zu Alghero und dem Flughafen einen ständigen Strom von Touristen hervorbringt. Das hat die Perfektion des noch vollkommen gesunden Ökosystems jedoch nicht geschädigt, in dem man – im Radius weniger Kilometer – alle Landschaften Sardiniens versammelt findet: Meer und Küsten, Berge und Flüsse. Letztere durch den Temo, den einzigen befahrbaren Fluss Sardiniens, der durch die Stadt hindurchfließt und ihr damit einen ganz besonderen Reiz verleiht: Fischer, die an seinen Ufern sitzen, und Ruderer beim Training sind ein alltäglicher Anblick von den gepflasterten Straßen und Treppen Bosas.

Trotz der besseren Infrastruktur ist auch in Bosa die Tourismusindustrie noch relativ jung, und sie allein kann die dramatischen Probleme der Arbeitslosigkeit in der Planargia nicht lösen. Auch kann die wachsende Zahl von Touristen keineswegs den demographischen Rückgang aufhalten, der in den letzten acht Jahrzehnten die Bevölkerung halbiert hat. Die Jugendlichen ziehen zum

Studieren nach Cagliari und Sassari und bleiben später dort, wo es mehr und ihrer Ausbildung angemessenere Arbeitsplätze gibt. Es wäre kurzsichtig zu denken, dass der Tourismus allein genügend Arbeitsplätze und Entwicklung auf die Insel bringen könnte, die ebenso große Ressourcen in der Landwirtschaft und der Viehzucht hat. Letztere ist bis heute eine der tragenden Säulen der sardischen Wirtschaft, und auch Technologie und Kultur sind in starkem Wachstum begriffen.

Während die kleinen Dörfer der Planargia mit der Abwanderung der einheimischen Bevölkerung kämpfen, gibt es dafür ein steigendes Interesse von Ausländern am lokalen Immobilienmarkt, das zumindest zum Teil ein paradoxes Gegengewicht bildet, so wie es in den vergangenen Jahrzehnten in Umbrien und der Toskana geschehen ist. Es sind vor allem englische, deutsche und holländische Käufer, die die alten Steinhäuser in den historischen Zentren erwerben, um sie restaurieren zu lassen – mit dem Ziel, sich irgendwann tatsächlich dort niederzulassen, angezogen von der Einfachheit des Lebens, dem milden Klima und den überwältigenden Naturschauspielen, in deren Mitte diese kleinen Dörfer oft liegen. Immer häufiger trifft man, wenn man in einem der Dörfer wie Tresnuraghes, Magomadas oder Modolo nach dem Weg fragt, auf jemanden mit ausländischem Akzent, der aber präzise Auskünfte über den fraglichen Ort geben kann. Anders als man vermuten könnte, handelt es sich dabei nicht nur um Rentner, die die Planargia im Alter zu ihrem *buen retiro* erkoren haben, sondern auch um junge Paare und wohlhabende Berufstätige, die diese Gegend Sardiniens gerade wegen ihrer sozialen und geographischen Besonderheiten wählen, dank der sie, im Vergleich zu vielen touristisch besser entwickelten Gebieten, noch ursprünglich ist. Auf der anderen Seite hat diese unerwartete Lebendigkeit des Immobilienmarktes in der Planargia die Preise für Wohnraum auch für die jungen einheimischen Familien in die Höhe getrieben, was den Sarden die Entscheidung, dort zu bleiben, ironischerweise noch schwerer macht. Auch die übrigen historischen Regionen der Gegend, die unter demselben demographischen Problem leiden wie die Planargia, wollen diesen Leuten besondere Anreize schaffen, damit sie die Region als permanenten Wohnsitz wählen. Sie liegen etwas weiter im Landesinneren, bieten deshalb aber nicht weniger beeindruckende Landschaften als die nahen Küsten: Zum Beispiel hat eine lokale Initiative der Regionen von Montiferru, Barigadu und dem Sinis ein Programm namens ›Terre Shardana‹ ins Leben gerufen, das auf die Wiederbevölkerung der Gegend zielt. Sie vergibt Konzessionen, die genau auf die Bedürfnisse derjenigen zugeschnitten sind, die eines der riesigen, inzwischen leerstehenden Häuser des historischen Zentrums kaufen und sich dort niederlassen wollen.

In Zukunft wird diese immer häufigere Anwesenheit von Personen mit anderer Sprache und Kultur wahrscheinlich ganz neue integrative Fragen aufkommen lassen, im Kontext der sardischen Kultur, die in ihrer historischen Tradition nicht leicht zu durchdringen ist. Doch bisher sind die Anfragen der kleinen Ausländergemeinden an die lokalen Verwaltungen vor allem die nach einem Anschluss an das Breitbandinternet, eine eigentlich selbstverständliche infrastrukturelle Leistung, die es aber in weiten Teilen Sardiniens noch zu verwirklichen gilt.

Provinz Sassari, historische Region: Nurra,
Gemeinde Porto Torres.

Provinz Oristano, historische Region: Montiferru,
Gemeinde Paulilatino.

Provinz Oristano, historische Region: Campidano,
Gemeinde Cabras.

Provinz Nuoro, historische Region: Barbagia di Orgosolo,
Gemeinde Ottana.

Provinz Oristano, historische Region: Campidano,
Gemeinde Oristano.

5. Glaube

Pyramiden, Brunnen, Masken und nackte Füße

»Jetzt bist du Hüter der Zeit, sagte Antonio Setzu, und fügte mit leiser Stimme hinzu: So wie jene, die dir vorausgegangen sind, wirst du unweigerlich Christ bleiben und die Gesetze achten, die wir uns in der dunklen Zeit gaben, die wir aufschrieben und veränderten während der Herrschaft von Mariano und Eleonora. Je schlimmer die Zeiten, desto mehr wird ein Rückgriff auf die antiken Gesetze dazu dienen, Rebellion und Aufstand niederzuhalten.«
Sergio Atzeni: *Passavamo sulla terra leggeri* (Leicht wandelten wir über die Erde)

Entgegen der Worte, die Sergio Atzeni seinem berühmten Hüter der Erinnerungen in den Mund legt, ist die Behauptung, die Sarden seien seit Generationen »unweigerlich Christen«, sehr einfach zu entkräften. Die Einflüsse waren so vielfältig, dass es sogar schwierig ist, heute noch eine sichere Spur der verschiedenen Kulte zu finden, die durch die Jahrhunderte aufeinanderfolgten.

Bis heute stellen die traditionellen sardischen Erzählungen Tolkien und seine Vorstellungskraft leicht in den Schatten durch ihren Reichtum an phantastischen Kreaturen – ein geistiges Erbe der verschwundenen Kulte. Kleine Feen, die *janas* mit ihren goldenen Webstühlen, bewohnen darin das, was die Archäologie etwas prosaisch als protosardische Grabstätten bezeichnet. Kobolde und Ungeheuer beschützen die Schätze der Nuragher mit furchterregender Zauberei. Besonders zahlreich sind die Mythen, die sich um die sogenannten Hexen ranken, *cogas* und *strias*, die klar auf eine Vergangenheit von religiösem Schamanismus hindeuten, mit teilweise überraschenden Tentakeln bis in die Neuzeit. Bis vor wenigen Jahrzehnten hat sich die abergläubische Überzeugung gehalten, dass man seine Haustür mit einem umgekehrt aufgestellten

Reiserbesen oder einem Rechen schützen müsse, da eine eindringende Hexe nicht anders könnte, als die Nacht in dem vergeblichen Versuch zu verbringen, die Anzahl der Zweige oder der Metallzinken zu zählen – vergeblich deshalb, weil sie nicht weiter zählen kann als bis sieben.

Fabrizio De André, der in der Gallura lebte und die Legende sicher kannte, spielt in seinem Lied *A çimma* im Genueser Dialekt auf diesen Brauch an:

Ti mettiaè ou brúgu rèdennu 'nte 'n cantún
Che se d'à cappa a sgúggia 'n cuxin-a stria
A xeúa de cuntà 'e paggè che gehe sún
'a çimma a l'è za pinn-a a l'è za cúxia.*

Auch in Zeiten des Internet bleiben die Sarden unbestreitbar ein abergläubisches Volk. Die Spur dieses Erbes findet man – abgesehen von den überlieferten Legenden – vor allem in den rituellen Festen, die überall auf sehr ähnliche Art gefeiert werden, zur Freude von Anthropologen und Ethnografen häufig kaum beeinflusst durch die jahrhundertelangen Versuche der Christianisierung. Vor allem der Karneval, heidnisches Fest par excellence, verrät die Wurzeln einer lange zurückreichenden Religiosität. In den Dörfern im Landesinneren Sardiniens ist der Karneval ein deutlicher Rückgriff auf die Unheil abwendenden Opferrituale dionysischen Ursprungs.

Dieser ganze Reichtum an Glauben und Aberglauben ist mehr oder weniger harmonisch mit dem auf der Insel offiziell als vorherrschend anerkannten Christentum verwoben. Die Art, in der viele scheinbar fromme Traditionen begangen werden, lässt vermuten, die Menschen auf Sardinien hätten eher das Christliche paganisiert, als das Heidnische zu christianisieren.

---

* *Ich werde den Besen in eine Ecke stellen / Dass wenn die Hexe durch den Küchenkamin kommt / Sie so lange die Reiser zählt / Bis der Morgen anbricht.*

Zum Großteil handelt es sich um Riten, die die Sarden nach wie vor für sich allein begehen, ohne der Versuchung der Selbstdarstellung zu erliegen. Um zu verstehen, warum einige der Vermächtnisse so tief verwurzelt sind, ist es nützlich, zu den Steinen zu gehen, die oft ziemlich gesprächig sind.

Nuraghen und Pyramiden

In Sardinien halten die archäologischen Fundstellen zum Teil beunruhigende Überraschungen bereit. In einigen Fällen findet man Spuren von Kulten, die so anormal sind, dass sie nichts Bekanntem ähneln, sodass jeder Versuch einer Rekonstruktion zur Phantasterei wird. Es ist kein Zufall, dass Sardinien ein wahres Paradies für neopaganistische Gemeinschaften, Astrologen, Mystiker, verschiedene Esoteriker, Ufologen, Genre-Drehbuchautoren und Pseudo-Wissenschaftler ist, die beseelt sind von der Vorstellung, diesen oder jenen Mythos in dem einen oder anderen Stein erkannt zu haben, teilweise begleitet von erheblichem medialem Echo.

Die Nuraghen sind der erste große Anziehungspunkt in diesem Sinne. Da nichts Ähnliches existiert, mit dem man sie vergleichen könnte, ist es bisher nicht gelungen, diese geheimnisvollen Bauwerke zu erklären: Das Mysterium dessen, was die Protosarden dort möglicherweise anbeteten, haben sie mit ins Grab genommen. Das hält die Gruppen von Esoterikern natürlich nicht auf, die jedes Jahr einen bestimmten Nuraghen zum privilegierten Ort für ihre Riten erwählen, wobei ihnen die mangelnde Bewachung der archaischen Türme zugutekommt.

Ein weiteres geheimnisvolles religiöses Monument sind die aufsehenerregenden Ruinen der Stufenpyramide in Monte d'Accoddi, in der Nurra, auf etwa zehn Kilometern zwischen Sassari und Porto Torres, direkt an der Staatsstraße 131. Es handelt sich um eine im Mittelmeerraum einzigartige Zikkurat, etwas Vergleichbares gibt es nur in Mesopotamien. Anders als die mesopotamischen Bauwerke aus Lehm besteht die Stufenpyramide von Monte d'Accoddi jedoch vollständig aus großen Steinblöcken, wie alle sardischen Megalithen. An ihr sind Spuren zweier verschiedener Schichten zu erkennen, vermutlich einander ähnlicher Tempel, die während der Ozieri-Kultur übereinandergebaut wurden. Die Dimensionen dieses erhöhten Altars sind beeindruckend: Die jüngere der Pyramiden (die etwa 3000 Jahre alt ist) hat eine Grundfläche von 36 mal 29 Metern und muss etwa neun Meter hoch gewesen sein, was einfach auszurechnen ist durch die Steigung der 42 Meter langen Treppe, über die man die Spitze erreichte. Natürlich erwartete keiner der Archäologen, die in den 1950er Jahren die ersten Ausgrabungen tätigten, die Entdeckung eines derartigen Monuments, dessen Existenz auch im restlichen Sardinien beispiellos ist. Einzig und allein die Tatsache, dass es sich um eine Kultstätte handelt, scheint gesichert. Obwohl es heute unmöglich ist herauszufinden, welchen Gott die Schöpfer des Bauwerkes ehren wollten, erkennen die glaubwürdigsten Forscher in dem oberen Altar einen Ort, der wahrscheinlich für Fruchtbarkeitsriten genutzt wurde.

Heilige Brunnen

Die Zikkurat und das Rätsel ihres Ursprungs würden schon allein ausreichen, jeden Anhänger eines Mysterienkultes zu beglücken. Und doch gibt es noch weitere archäologische Funde in Sardinien, die, obwohl sie nicht nur auf der Insel vorkommen, die Anhänger antiker Religionen begeistern. Es handelt sich um die heiligen Brunnen, wahrhaftige unterirdische Tempel, die einer weiblichen Gottheit gewidmet sind, welche man durch den Kult des Wassers und des Mondes verehrte. Von diesen Brunnen gibt es auf Sardinien etwa vierzig, und ihre Entstehung wird auf die Zeit zwischen 1300 und 850 vor Christus datiert. Trotz der zeitlichen Korrespondenz mit der Nuraghenkultur wurde lange bezweifelt, dass dieselben Hände, die die kaum bearbeiteten Steine der Nuraghen aufeinander geschichtet haben, auch diese Meisterwerke der Baukunst errichtet haben könnten.

Das berühmteste und repräsentativste Brunnenheiligtum ist der Tempel Santa Cristina in der historischen Region Barigadu, im Gebiet der Gemeinde Paulilatino der Provinz Oristano. Die architektonische Struktur dieses heiligen Brunnens ist viel komplexer als die der anderen. Nichts an seiner Konstruktion und dem Standort ist dem Zufall überlassen, wie die neuesten astronomischen Studien zu bestätigen scheinen. Es gilt als sicher, dass alle 18 Jahre und sechs Monate der Vollmond so über der Öffnung der den Brunnen überspannenden Kuppel – der *tholos* – steht, dass er sich zur Gänze am Grund des Brunnens spiegelt. Zuletzt fand dieses Ereignis am 3. Januar 2007 statt, in Gegenwart von Wissenschaftlern, die das Phänomen studieren, und einer ansehnlichen Menge Schaulustiger und Anhänger neopaganer Kulte. Erst im Jahr 2025 wird es erneut möglich sein, diesem Ereignis beizuwohnen. Auch die Sonne erhellte den Grund des Brunnens dank der astronomischen Orientierung der Stufen nur zwei Mal im Jahr, genauer gesagt während der Tagundnachtgleiche im Frühjahr und Herbst; dieses Phänomen lässt sich heute nicht mehr beobachten, da sich die Stellung der Erdachse in den letzten 3300 Jahren verändert hat.

Obwohl der Himmel nicht mehr derselbe ist seit der Zeit, als man von Sardinien aus noch Alpha Centauri sehen konnte, den Stern, der im Sternbild Zentaur der Erde am nächsten steht, stellt die Insel durch ihre Lage im Mittelmeer und wegen ihrer geringen Bevölkerungsdichte dennoch bis heute einen privilegierten Beobachtungsposten für Astronomen dar – und nicht nur für sie.

Die Brunnentempel erinnern an einen Kult des Wassers, der in ähnlicher Form in einem viel größeren Gebiet verbreitet gewesen sein muss als zunächst angenommen. Die Bestätigung dafür liefert eher die Architektur als die Archäologie. Nahezu baugleiche Brunnen wurden in Bulgarien und in der Ukraine entdeckt, was auf einen gemeinsamen Kult hindeutet. Lange hat man geglaubt, es handle sich um einen autochthonen Wasserkult, wie sie überall dort entstanden, wo Wasser ein seltenes Gut war. Doch die unbestreitbare Analogie zwischen der Architektur der sardischen Brunnen und der einiger mykenischer Brunnen mit kuppelförmiger Decke lässt vermuten, dass die Ähnlichkeit auch religiöser Art gewesen sein könnte, verbunden durch den Kult der Doppelaxt, von der auf Sardinien einige sehr schöne Exemplare gefunden wurden.

Die Vermengung mit der mykenischen Kultur wird auf der Insel schon seit dem 14. Jahrhundert vor Christus bezeugt, aber auf die Doppelaxt verweist eine interessante Spur, die nicht aus der Archäologie stammt: Die jüngste Quelle ist eine Erzählung, ein mündliches Zeugnis von unschätzbarem Wert, aufgeschrieben und 2003 zum ersten Mal veröffentlicht von dem Schriftsteller Franco Enna, der sie wiederum von der betagten Maddalena Deriu gehört hat, einer Neunzigjährigen aus Macomer.

Es geht um die Legende von Maria Giusta. Sie ist in sardischer Sprache geschrieben, in Versen, was typisch ist für die Völker, deren Vergangenheit einzig in der Erinnerung fortlebt. Die Reime dienten dazu, der Erinnerung auf die Sprünge zu helfen, ein Zeichen dafür, dass der Inhalt der Geschichte für so wichtig erachtet wurde, dass man nicht riskieren wollte, sie zu vergessen. Leider ist die Geschichte von Maria Giusta unvollständig, doch der überlieferte Teil erlaubt es, eines der fundamentalen Elemente des Kultes der Doppelaxt auf Sardinien zu rekonstruieren: das Menschenopfer. Maria Giusta, die Protagonistin der kurzen Erzählung in Reimform, geht zu einer Priesterin, um Hilfe zu suchen wegen einer Dürreperiode, die Mensch und Tier dahinrafft. Diese gibt ihr einige mysteriöse Anweisungen, die mit den heiligen Wassern zu tun haben und den Brunnen, die sie enthalten. Doch keine der rituellen Gesten, die die Frau an den genannten Brunnen vollzieht, scheint Erlösung zu bringen, bis die Priesterin sagt, *acqua no naschet si sambene no paschet*, das heißt, kein Wasser wird geboren, ohne Blut zu fordern. Daraufhin opfert sich die Frau freiwillig, indem sie sich in einen Abgrund stürzt.

Diese Geschichte bezieht sich klar auf den Brauch des Menschenopfers in der Bitte um Wasser, dessen Kunde wie durch ein Wunder über mehr als dreißig Jahrhunderte zu uns gelangt ist und ein anderes, beunruhigenderes Licht auf die heiligen Brunnen von Santa Cristina, Santa Vittoria und viele andere wirft.

Dionysische Riten

Was an diesen Vermächtnissen beunruhigt, ist das Fortleben der urzeitlichen Kultur, die in ihnen zum Ausdruck kommt. Sie bestehen trotz aller technologischen Entwicklung weiter und koexistieren überraschend gut mit dem Fortschritt. Der Ort, der diesen Kontrast am besten repräsentiert, ist Ottana, ein Dorf in der Barbagia, das sich in den 1970er Jahren der zweifelhaften Verantwortung gegenübersah, zum industriellen Pol für das Zentrum Sardiniens zu werden. Manufakturen und chemische Industrie wie der Energiekonzern Eni sind dort innerhalb weniger Jahre entstanden und wieder eingegangen. Sie haben den Jugendlichen des Ortes die Möglichkeit einer stabilen Arbeitsstelle abseits der harten Feldarbeit zuerst gegeben und dann sofort wieder genommen. Die Autoren Bachisio Bandinu und Salvatore Cubeddu vermuten, dass die Entscheidung, den Boden der chemischen Industrie zu überlassen, eine Art kollektives Opfer gewesen sei, geboren aus der Hoffnung, eine neue Periode der Fruchtbarkeit zu begründen. Sie beschreiben äußerst luzide die beinahe messianische Dynamik der Erwartung eines wirtschaftlichen Aufschwungs durch die petrochemische Industrie:

> Die Gemüsegärten und die Weizenfelder sind dem neuen Gott geopfert worden. Es geschah innerhalb von zehn bis zwanzig Jahren. 10.000 Jahre landwirtschaftlicher Revolution waren angesichts der Getreideimporte in der Mitte des 20. Jahrhunderts zum Stillstand gekommen. Keine Pflüge mehr, die den Boden aufbrachen, keine Ochsen mehr als Antriebskraft, keine Saat mehr und auch keine Ernte. Ertragreicher als die Ähren, und vollkommen unabhängig von Trockenheit und Katastrophen, wurde die Unsicherheit der Ernte abgelöst von der konstanten Produktion von Waren. In weite Ferne rückte die Zeit der Wetterunbilden und der arbeitsgeschundenen Rücken. Eine andere Art, Mensch zu sein: Arbeiter, nicht Bauern. In der Arbeit zum Kollektiv vereint, nicht länger vereinzeltes Individuum. All das schien es wert zu sein, das Beste des sardischen Bodens dafür zu geben. Sollte das Öl der Steine ruhig auf den Boden tropfen. Diese Votivgaben, die die Erde befleckten, konnten als unser heiliges Opfer gelten. Wenn nur der Gott, der vom Meer kam, seine Versprechungen hielte.

Dieses Wunder, das wissen wir heute, ist nicht geschehen. Doch vor und nach der Götterdämmerung der industriellen Gottheiten wurde in Ottana weiterhin ein anderes eigentümliches Ritual gefeiert, ein schicksalhafter Karneval, bei dem ein anderer, ursprünglicherer Gott für Leben sorgte. Er starb und wurde wiedergeboren, um durch seine Opfer die karge Natur zu nähren. Es handelt sich um den Karneval der *Merdules* und der *Boes*, zwei traditionelle Masken, in denen die Spuren der antiken Kulte des archaischen Mittelmeerraums zu erkennen sind, die *Dionisio Mainoles*, dem rasenden Dionysos, gewidmet waren. In Sardinien wird er heute nur noch *Maimone* genannt und bezeichnet schlicht den Teufel, weil die fortschreitende Christianisierung den heidnischen Gott zur Verkörperung des Dämons gemacht hat.

Der Fruchtbarkeitsritus, der in Ottana noch heute begangen wird, ohne dass sich die Menschen seines Ursprungs bewusst wären, ist eine kollektive Zelebration, in der die Opferung Dionysos' nachempfunden wird durch den symbolischen Tod eines Opfers, das ihn verkörpert. Eine pagane Zeremonie, die in der Vergangenheit wahrscheinlich in ganz Sardinien gefeiert wurde, nicht nur in der Barbagia.

Obwohl das Datum des Karnevals sich verschiebt, beginnt der Ritus immer am selben Tag, am Abend des 16. Januar, gleichzeitig mit dem Fest, an dem der Heilige Antonius beinahe alle Riten, die ihren Ursprung im dionysischen Kult haben, in christliche Form gebracht hat. Nach der Messe für den Heiligen und der Segnung des großen Feuers auf der Piazza strömen die *Merdules* aus den Gassen, mit groben Masken aus Birnbaumholz, die sie aussehen lassen wie menschliche Wesen mit entstellten Zügen. Der Name leitet sich wahrscheinlich aus der antiken Konstruktion *mere* = ›Herrscher‹ und *de ule* = ›des Ochsen‹ ab. Zusammen mit ihnen laufen die *Boes*, ebenfalls Männer, die große Ledermasken tragen: Stierköpfe, in die mit Messer und Skalpell verschiedene Motive und Muster eingraviert sind. Um den Körper haben die Maskierten unbearbeitete Schaffelle geschlungen, die an Tierhaut erinnern sollen. Sie strömen durch die Menge am Feuer zusammen, in einer zunächst geordneten Prozession im Rhythmus der Kuhglocken, die auf dem Rücken der *Boes* befestigt sind. Im Licht der Flammen bringt der heftige Rhythmus der metallischen Klänge die Anwesenden zum Schweigen, die nun gebannt den Höhepunkt der Vorstellung erwarten. Plötzlich beginnen die *Boes* zu rasen, scheinbar wie von Sinnen, als wollten sie sich der Autorität der sie bewachenden *Merdules* entziehen. Die tierhaften Masken gehen zunächst auf die Menge los und dann jede auf ihren Bändiger, der augenscheinlich versucht, den Tiermenschen mit einer Lederpeitsche und einem Stock im Zaum zu halten, indem er mit übertriebener Heftigkeit auf ihn einprügelt, bis dieser wie tot zu Boden sinkt. Der Stock des Hüters, der den Ochsen prügelt, dient nicht dazu, die Unmäßigkeit des Tiers zu bestrafen, wie man als bloßer Beobachter der Szene glauben könnte, sondern vielmehr dazu, aus dem Rücken des Geschöpfes das Blut hervorzutreiben, das den Regen bringen und die Erde fruchtbar machen soll. Die ganze Prozession wird von einer weiblichen Figur begleitet, die ebenfalls von einem Mann dargestellt wird, der als alte Spinnerin in Trauer verkleidet ist, genannt *sa filonzana*. Die Alte spinnt, ganz wie die Parzen, einen Wollfaden, und droht ständig, ihn in einem symbolischen Akt zu durchschneiden, was den Anwesenden einen Respekt einflößt, der der Angst sehr nahe kommt. Niemand ist in diesem Ritus bloßer Zuschauer, auch wer keine Maske trägt, spielt eine bestimmte Rolle in dieser kollektiven Szene, die das rituelle Erschrecken ebenso vorsieht wie das Anfeuern der *Merdules*, bis sie die Kontrolle über die *Boes* zurückerlangt haben.

Wie sehr sich die Bevölkerung Ottanas selbst über den heidnischen Ursprung dieses Rituals bewusst ist, lässt sich schwer sagen, obwohl man mit Sicherheit davon ausgehen kann, dass keiner der Teilnehmer dem Ritual seine ursprüngliche Bedeutung zuzuordnen weiß. Es handelt sich vielmehr darum, eine überlieferte Tradition aufrechtzuerhalten, indem man sie in dem einzigen Fest des Jahres aufleben lässt, das eine für die heute vorherrschende religiöse Empfindung akzeptable Darstellung dieses Symbolismus erlaubt. Dasselbe geschieht in vielen anderen Dörfern der Barbagia, die für ihren Karneval sehr ähnliche Situationen inszenieren, mit anderen Masken, aber stets in den Rollen eines Tiers und seines Bändigers.

Von der Ebene bei Ottana aus ist es nicht schwierig, außer dem Feuer dieses eigenartigen Heiligen Antonius auch die ständigen Lichter des nahegelegenen Industriegebiets auszumachen, wo ein großes thermoelektrisches Kraftwerk den wenigen Gebäuden Energie liefert, die noch stehengeblieben sind – sterbende Kathedralen der neuen Gottheiten, die sich als nicht zukunftsfähig erwiesen haben.

Angesichts dieser Anzeichen offensichtlich heidnischer Herkunft kann man leicht glauben, dass das Christentum auf der Insel nichts weiter ist als eine vorübergehende Ablagerung. Doch findet man ebenso viele Anzeichen frommer Verehrung, die sich oft ganz überraschend zeigt.

Angefangen bei den christlichen Inschriften an den Türrahmen der ältesten Häuser bis hin zum Gruß ›Ave Maria‹, der noch bis vor einigen Jahren in Campidano das ›Guten Tag‹ ersetzte, kommt dem christlichen Glauben in Sardinien in vielerlei Hinsicht eine einigende Funktion zu, die andere Formen der bürgerlichen Teilhabe nicht erlangen konnten. Zu den religiösen Festen gesellen sich die beliebten *feste patronali*, einmal jährlich stattfindende Feiertage, an denen sich Religion und Volksglaube mischen. Häufig werden diese mit wenig orthodoxen Ritualen begangen, die der Klerus vergeblich versucht hat einzudämmen, bis er sich geschlagen geben und der Vorstellung fügen musste, es handle sich um eine alternative Form der Liturgie. Was den Glauben betrifft, ist auf Sardinien die *vox populi* in Wirklichkeit die *vox Dei*, sodass sogar Figuren, die von der Kirche niemals heiliggesprochen wurden, zum offiziellen Kanon gehören. So zum Beispiel Kaiser Konstantin, der im Dorf Sedilo mit einer Prozession zu Pferd geehrt wird, die in halsbrecherischem Tempo einmal quer durch den Ort führt, oder der Prophet Elias, der in Nuragus verehrt wird, vollkommen ungeachtet der Tatsache, dass – aus theologischem Interesse der Kirche – niemand, der vor Christus geboren wurde, je Aufnahme in den offiziellen Kanon fand.

Ein beherrschendes Element bei vielen religiösen Äußerungen der Insel ist die männliche Scham im Zusammenhang mit Glaubensbezeugungen, die mit dem interessanten Titel *rispetto umano*, ›menschlicher Respekt‹, belegt wird, beinahe so, als zwinge die andauernde Bezeigung der Frömmigkeit die anderen brutal, sich in irgendeiner

Weise dazu zu verhalten, als handle es sich um eine Form der Nacktheit. Wahrscheinlich wegen ihrer Sichtbarkeit für jedermann werden viele übliche Rituale wie das der Sonntagsmesse als allein an die Frauen gerichtet verstanden, während der männliche Glaube sich häufig auf andere Weise ausdrückt, meist in Zusammenhang mit einer Mutprobe oder einer anderen Prüfung, die die ›Schwäche‹ rechtfertigt, zum Glauben Zuflucht zu nehmen, und die einen virileren Ausdruck der eigenen Zugehörigkeit zu Gott ermöglicht. Darum präsentieren sich viele der *feste patronali* als wahre Spektakel, die man nur zur Hälfte verstehen könnte, ließe man außer Acht, dass es sich dabei für einen Teil der Bevölkerung um die einzig akzeptable Form der Glaubensbezeugung handelt – sowohl bei den *candelieri*, den Kerzenträgern aus Sassari, als auch bei den waghalsigen Reitern von Sedilo.

Eine der beeindruckendsten und weniger bekannten Formen der Verehrung durch Anstrengung kann man in Cabras erleben, im Campidano von Oristano, jeweils am ersten Wochenende im September. Sie besteht aus einem Neun-Kilometer-Lauf vom Pfarrhaus in Cabras bis zum Heiligtum San Salvatore und zurück, der ohne Pause auf nackten Füßen bestritten werden muss, nur von den Männern, zu Ehren von San Salvatore, also Christus selbst. Die Christusfigur wird dabei wie bei einem Staffellauf weitergegeben, und sie zu berühren gilt als große Ehre. Alle Teilnehmer des Laufs tragen das lange traditionelle Hemd der männlichen Tracht, das an den Seiten wie eine weiße Kutte gebunden wird, was sie von weitem aussehen lässt wie eine Horde von Frommen, die in halsbrecherischem Tempo durch die Landschaft stürmen. Die Prüfung ist eine große körperliche Herausforderung, doch nur wenige trainieren einige Tage im Voraus barfuß, um die Fußsohlen unempfindlicher zu machen. Der Großteil läuft ohne Vorbereitung, einige sogar mit kleinen Kindern im Arm, so als trügen sie auf ihre eigene Art ein weiteres Abbild des Heiligen.

Mit dem Lauf wird eines Ereignisses gedacht, das zur Hälfte historisch belegt und zur Hälfte reine Legende ist: der waghalsigen Flucht der Küstenbewohner ins Landesinnere, um ihre wertvollsten Besitztümer vor den Fängen der ausländischen Piraten zu retten. Glaubwürdiger ist die Annahme, dass es die Frauen und Kinder waren, die sich mit der Christusstatue in Sicherheit brachten, während die Männer ihnen den Rücken freihielten. Das beleuchtet die ansonsten unerklärliche Tatsache, warum um sechs Uhr morgens ein rein weiblicher Zug denselben Weg zurücklegt, mit einer kleineren Christusstatue in der Hand, geräuschlos und ganz ohne Eile.

Der Lauf von San Salvatore ist eine Gelegenheit, die Orte kennenzulernen, an denen der traditionelle Glaube Sardiniens gelebt wird: die Wallfahrtskirchen auf dem Land. Es gibt Hunderte davon auf der Insel, teilweise umstellt von kleinen Unterständen für die Pilger, die von weit her kamen. Eine einsame Kirche auf dem Land zu entdecken ist, als sähe man einen Nuraghen. Dabei handelt es sich nicht um verlassene Gebäude, sondern um Anlaufstellen der Verehrung, zu denen man häufig zu Fuß wandert, in kilometerlangen Prozessionen, zum Feiertag des lokalen Schutzpatrons. Es ist beinahe so, als ließe sich die radikalste Ausprägung des Glaubens nur weit weg vom alltäglichen Leben und der Arbeit ausleben, an einem Ort, zu einem Zeitpunkt, die durch ihre Andersartigkeit geheiligt werden. Da wäre zum Beispiel die Kirche von San Lussorio in der Gemeinde Fordongianus im Barigadu, die vollständig aus rotem Trachitstein besteht, aber auch die Basilika der Heiligen Dreifaltigkeit von Saccargia, ein Juwel der romanisch-toskanischen Architektur, die auf der Straße zwischen Sassari und Tempio Pausania plötzlich wie aus dem Nichts auftaucht. Abgesehen von diesen herausragenden Beispielen gibt es überhaupt kein Dorf auf Sardinien, das nicht seine kleine Kathedrale in der Wüste hätte, zu der man gehen kann, um Gebete an einen Gott zu richten, der offenbar nicht gerne Nachbarn hat.

Der ewige Ritter

Man könnte meinen, die *Sartiglia oristanese*, der besondere Karneval von Oristano, habe nichts mit dem Glauben zu tun, und doch haben nur wenige Rituale in Sardinien dieselbe mystische Bedeutung wie sie, obwohl die Aufmachung als Karneval alles dafür tut, um ihren tieferen Sinn hinter Konfetti und Luftschlangen zu verstecken. Bei oberflächlicher Betrachtung erscheint sie einfach als ein Geschicklichkeitslauf zu Pferd, bei dem die Reiter einen Stern mit einem Loch in der Mitte aufspießen müssen, der in einiger Höhe über dem Boden hängt. Diese Interpretation ist die vorherrschende, und sie würde ausreichen, um die Sartiglia zum Höhepunkt des Rosensonntags und des Faschingsdienstags zu machen. Doch einem aufmerksameren Betrachter können die vielen Anzeichen für einen kollektiv zelebrierten Fruchtbarkeitsritus mit starker sexueller Symbolik nicht entgehen. Geleitet wird er von einer geheimnisvollen ritterlichen Priestergestalt: *su Componidori*. Das auffälligste Element seiner Erscheinung ist die Maske, die er trägt, genauso wie die anderen Reiter; eine Maske, die die Identität des Einzelnen unkenntlich macht und ihm erlaubt, in der kollektiven Identität aufzugehen, Frauen und Männer, die ihm die Aufgabe übertragen haben, das Ritual mit Hilfe einer vorübergehenden Vergöttlichung durchzuführen. Diese zeigt sich auch darin, dass die Maske des *Componidori*, im Gegensatz zu allen anderen sardischen Masken, keine geschlechtsspezifischen Züge aufweist und dazu vollkommen ausdruckslos ist. Sie wird dem Auserwählten aufgesetzt, während er auf einem Tisch sitzt, wo er von drei Frauen komplett eingekleidet wurde, die eigens für diese heilige Aufgabe bereitstehen. Der Moment, in dem die Maske aufgesetzt wird, ist der Augenblick der geheimnisvollen Transformation, in dem der Reiter zum Halbgott erhoben wird: Von diesem Moment an darf derjenige, der ihn verkörpert, nicht mehr die Erde berühren, um die erworbene Heiligkeit nicht zu verlieren; er steigt direkt vom Tisch auf sein Pferd.

Die Aufgabe des *Componidori* ist es, die Harmonie der Dinge nach einer ganz bestimmten Ordnung herzustellen. Die Zahl der aufgespießten Sterne des Anführers wird als wichtiges Vorzeichen für das Erntejahr gesehen. Je nach Anzahl der Pfänder, die er in den verschiedenen Anläufen auf den Stern ergattern konnte, wird das Jahr gut oder schlecht ausfallen. Über mehrere Stunden galoppiert ein Reiter nach dem anderen über die beiden abschüssigen Hauptstraßen des Ortes, die mit reichlich Sand bedeckt sind. Am Ende des Turniers vollzieht der *Componidori* seinen letzten rituellen Akt als Priester: Er reitet den Berg auf dem Rücken seines Pferdes liegend hinunter, in der Hand ein Gewinde aus Garten-Levkojen, einer typischen violetten Blume des Mittelmeerraums, mit dem er die Menge segnet. In diesem Moment kann man nicht selten beobachten, wie sich der eine oder andere bekreuzigt, was einen seltsamen Effekt hat, wenn man bedenkt, dass er wohl unbewusst den religiösen Hintergrund dieser Zeremonie spürt, der aber ganz sicher nicht christlich ist. Ebenso wie all die Erzbischöfe intuitiv stets vermieden haben, sich unter die feiernde Menge zu mischen. Möglicherweise wollen sie nicht riskieren, sich für einen Tag der exklusiven Rolle als Vermittler des Mysteriums enthoben zu sehen: Im geheimen Ritus der Sartiglia ist der König, der Priester und der Prophet stets ein und dieselbe Person, und sie alle tragen Masken vor dem Gesicht, dem Brauch folgend, dass der wahre Glaube stets verhüllt daherkommt. Darum scheint keine tief religiöse Zeremonie auf Sardinien ohne Maske auszukommen, ob aus Holz oder Leder, mit menschlichem oder tierischem Antlitz, als Fratze oder starr und androgyn, so als könnte sich die Essenz der mystischen Dinge nur zur Gänze zeigen, wenn niemand ihr wahres Gesicht erkennen kann.

Provinz Oristano, historische Region: Barigadu,
Gemeinde Tadasuni.

Provinz Nuoro, historische Region: Barbagia di Orgosolo,
Gemeinde Gavoi.

Provinz Oristano, historische Region: Campidano di Oristano,
Gemeinden Nurachi und Riola.

Provinz Olbia-Tempio, historische Region: Monte Acuto,
Gemeinde Berchidda.

6. Klänge

Stimmen, Instrumente, Gedichte und Jazz

> »Sardinien ist einer der wenigen Orte, wo Gesang heutzutage noch spontan entsteht, sich dauernd reproduziert und ständig erneuert.«
> Amelie Posse Brázdová: *Interludio di Sardegna* (Sardisches Zwischenspiel)

Eine faszinierende sardische Legende schreibt Gott den seltsamen Namen *Eu-su-primu-cantende* zu, ›Ich-der-erste-der-singt‹, und stellt damit eine explizite Verbindung zwischen dem Gesang und dem göttlichen Schöpfungsakt her. Die Sarden haben eine ganz eigene Vorstellung von Gesang, und auf Sardinien gibt es wirklich überall Musik. Eine der leidenschaftlichsten Arten, die Insel zu erfahren, ist tatsächlich eine Reise zu ihrem klingenden Rückgrat, indem man den musikalischen und poetischen Fährten folgt, die auf ihre Weise eine eigene, ebenso vielfältige Landschaft bilden.

Die traditionelle Musik ist weiterhin die am meisten verbreitete auf der Insel, und bis in die 1960er Jahre war sie die einzige, die eine nennenswerte Entwicklung zu verzeichnen hatte, weil sie eine Doppelfunktion als Medium der Unterhaltung und der kulturellen Erinnerung durch mündliche Überlieferung erfüllte. Charakteristisch für diese Musik war die dominante Rolle der Sprache, das einzige variable Element, während die Melodie die unveränderliche Struktur lieferte. Die Unterhaltungsmusik bildete dazu anfangs einen starken Kontrast, auch weil hier zum ersten Mal die Rolle des sardischen Gesangs selbst in Frage gestellt wurde: Er war nicht mehr kollektives Element, das den kulturellen Zusammenhalt stärkte, nicht mehr Ritus, Erinnerung, Geschichte und Lesart, sondern nichts als Zerstreuung und Vergnügen. Die 1970er waren die Jahre des nationalen Erfolgs von ›Sexy Fonni‹ von Benito

Urgu – geschrieben nach dem Vorbild von ›Je t'aime, moi non plus‹ von Gainsbourg und Birkin –, der fusionistischen Experimente von Piero Marras – Vorbild aller Künstler, die in den Jahren danach moderne Musik auf Sardinien machten – und des unglaublichen Charismas von Maria Carta, die, bevor sie Regisseure wie Zeffirelli und Francis Ford Coppola bezauberte, ohne Frage die traditionellste sardische Stimme verkörperte. Während also von den Plätzen der spontane Tanz der einfachen Leute allmählich verschwand, wuchs die Zahl derjenigen, die sich vor den Fernsehbildschirm setzten, um zu sehen, ›wie man tanzt‹. Den Folk-Gruppen wurde die Aufgabe überlassen, sich selbst und anderen das Bild einer Identität zu vermitteln, die in Vergessenheit zu geraten schien. Erst in den 1990er Jahren, als die Gruppe ›Tazenda‹ unverhoffte nationale Erfolge feierte, erlebte die sardische Musik wieder einen Aufschwung. Viele Gruppen, die vor allem regional bekannt waren, haben es verstanden, Genres voller wütender Proteste wie Punk und Rap zu personalisieren und sie in die bereits existierende traditionelle Strömung der politischen Protestgesänge einzugliedern. Die unveränderliche Konstante aller Gruppen, die zu dieser Zeit entstanden, war die Wahl der Sprache, in der gesungen wurde: Nur selten war es Italienisch. Indem die *Cantautori* der Insel das Sardische als komplementäres expressives Element einer Musik wählten, die eigentlich keine sardische war, erklärten sie offen ihre Absicht, eine Musik vor allem für sich selbst zu machen, aber keinesfalls eine folkloristische Angelegenheit vom Typ Indianerreservat. Dass dies eine objektive Gefahr für die ganze kulturelle Tradition der Insel war, muss auch Fabrizio de André geahnt haben, der 1981 sein sardischstes Album veröffentlichte, ohne Titel, das aber allgemein *L'indiano* genannt wird, ›der Indianer‹, wegen der Illustration, die das Cover schmückt. Darauf kombiniert er Lieder, die seine Erfahrungen als Wahlsarde beschreiben, mit Stücken über die tragische Geschichte der Navajo-Indianer.

Gesänge im Rhythmus des Lebens

Nachdem die falsch verstandene Moderne überwunden war, die das traditionelle musikalische Erbe beinahe vollständig zum Verschwinden gebracht hätte, hat sich heute glücklicherweise der Wind gedreht. Mit neuer Sensibilität werden die alten Pfade der Musik wiederentdeckt. Sie ist auf der Insel so eng mit den Geschehnissen des sozialen Lebens verwoben, dass viele auch ohne besondere Recherche darauf stoßen.

Jedes Ereignis, ob persönlich oder kollektiv, ob Anlass zu Freude oder Trauer, wird durch einen speziellen Gesang begleitet. Das *anninnía* singt die Neugeborenen in den Schlaf. Das *trallallera*, ein mehrstimmiger Gesang, begleitet die volkstümlichen Feste, die *goccius* die religiösen. Der *tenore* in all seinen Varianten stammt aus der Barbagia und dient für Lieder über Liebe, Politik und den Glauben, und in den inzwischen selten gewordenen *attittos* besingen die Frauen mit improvisierten poetischen Versen den Tod eines lieben Menschen.

Der öffentliche traditionelle Gesang wird allein den Männern überlassen, und der bekannteste ist weiterhin *a tenore* in der traditionellen Tracht. Der *tenore* ist ein vierstimmiger Gesang, bei dem nur eine der Stimmen, *sa oche*, verständliche Worte formt. Die anderen dienen als harmonische Begleitung. Sie stoßen eine festgelegte Sequenz von Silben ohne Sinn aus, die klanglich arrangiert sind und sich von Gegend zu Gegend unterscheiden. Im Mittelmeerraum gibt es keine ähnlichen Beispiele für diese Art von Gesang, und einige Gelehrte glauben, dass er aus der Nachahmung bestimmter natürlicher Geräusche entstanden sei: Die Stimmen, die den Solisten begleiten, scheinen in den tiefen Tönen tatsächlich das Brüllen des Ochsen nachzuahmen, und in den hohen das Blöken der Schafe und das Pfeifen des Windes. Was auch immer der Ursprung sein mag, der Gesang *a tenore* bleibt eine komplexe und extrem beeindruckende Darbietung. Der Chor *a tenore* aus Bitti mit seiner mehr als zwanzigjährigen Geschichte ist heute der wahrscheinlich versierteste Interpret dieser uralten musikalischen Tradition.

1915 sah sich die schwedische Schriftstellerin Amelie Posse durch den Krieg gezwungen, ein Jahr in Sardinien zu verbringen, was ihr erlaubte, die Insel in Ruhe zu beobachten und zu beschreiben. Besonders faszinierte sie *a tenore*, und es ist das geschulte Ohr einer Musikerin, das den Gesang in all seiner Besonderheit erfasst:

> Nachdem sie eine Weile in der Mitte des Kreises zusammengestanden, geredet und gespuckt hatten, begannen sie die Ouvertüre mit einer Art düsterer Begleitung: Ein Ton wie von einem Dudelsack, mit einem Hauch tiefer Wärme; manchmal erinnert er mich an den Klang einer Kirchenorgel. Nach einer Weile schien der Solist seine Inspiration gefunden zu haben und es begann der eigentliche Gesang. Meist war es ein Bariton oder ein Tenor, mit einer schönen, schwingenden Stimme. Doch bei den Sarden ist die Stimme, sosehr sie auch geschätzt wird, nicht das Wichtigste. Der *cantadore*, der Sänger, muss vor allem *su donu* besitzen, das besondere Etwas, durch das es ihm gelingt, die anderen mitzureißen, wenn er von dem Geist des Liedes getragen wird. Jedes Mal, wenn die improvisierte Melodie den Ton wechselte, folgte ihr der Chor in einer vierstimmigen, chromatisch variierten Harmonie. In der Zwischenzeit murmelten die unglaublich tiefen Bässe mit geschlossenem Mund einen anhaltenden Ton. Jetzt kam das Eigenartigste: Eine Stimme im Falsett stieg auf, mindestens um eine Oktave höher als die Hauptstimmen. Sie begann, einzelne Koloraturen zu singen, ohne Worte, wie eine Pikkoloflöte oder eine Lerche, die immer höher in den Himmel aufsteigt und dann pfeifend und flügelschlagend dort herumschwirrt. Die Melodie des Falsetts war, wie die der Hauptstimme, charakterisiert von fließenden Melodien in Quarten, wie ich es zuvor nur von einigen wilden Stämmen, vor allem in Arabien, gehört hatte.

Diese ganz besondere Art zu singen hat die Ohren von Musikern aus aller Welt bezaubert; zum Beispiel Peter Gabriel, der, fasziniert von der Aufführung eben jenes *a tenore* des Quartetts aus Bitti, die Musiker einlud, etwas für seine Plattenfirma einzuspielen und am WOMAD-Festival für Weltmusik teilzunehmen. Weniger international, aber entschieden volksnäher ist die historische Zusammenarbeit des *a tenore*-Chors von Neoneli mit *Elio e le Storie Tese*, umgetauft in Neonelio. Bei ihren gemeinsamen Auftritten kommen die sardischen Verse häufig aus dem Mund eines nichtsardischen Sängers. Das Quartett hat, vielleicht zum ersten Mal in der Musikgeschichte der Insel, das Lied, welches als Hymne Sardiniens angesehen wird, in voller Länge aufgenommen: *Su patriottu sardu a sos feudatarios*, ›Der sardische Patriot an die Feudalherren‹, besser bekannt unter dem Titel *Procurade 'e moderare*, was so viel bedeutet wie ›mäßigt euch‹; ein Meisterwerk des Dichters Manno aus Oziero gegen das Feudalsystem, das Sardinien unterdrückte. Die gesamte CD *Barones* besteht allein aus dieser Aufnahme, und die Verse in sardischer Sprache sind, außer von der Gruppe *a tenore*, auch von Francesco Guccini, Luciano Ligabue, Angelo Branduardi, Francesco Baccini und Elio selbst gesungen. Natürlich ist es nicht schwierig, auf Sardinien dem Gesang *a tenore* zu begegnen, doch man kann nicht genau vorhersagen, wo man ihn antrifft, denn die Künstler ziehen umher. Jede Piazza, besonders im Sommer oder Herbst, kann zur Bühne werden. Doch es genügt, den Kalender der Patronatsfeste im Auge zu behalten.

Verteidigungslaute

Es gibt einige Dörfer, die zu jeder Jahreszeit die Möglichkeit bieten, sardische Musik in all ihren Facetten kennenzulernen. Eines davon ist Tadasuni, ein kleiner Ort in der Region Barigadu, am Ufer des Sees Omodeo. Dort beherbergt der Pfarrer Don Giovanni Dore ein außergewöhnliches Museum sardischer Musikinstrumente, die er in fast zwanzig Jahren zusammengetragen hat. Die Sammlung umfasst mehr als 360 Instrumente vom prä-nuraghischen Zeitalter bis heute, von der simplen Blockflöte aus Rohr bis zur komplexen harmonischen Polyphonie der *launeddas.* Diese Instrumente sind nicht alle zu dem unschuldigen Zweck entstanden, Tänze und Gesänge zu begleiten. So zum Beispiel das *trimpanu*, auch bekannt unter dem Namen *skorriu* oder *tunkiu*, das Töne erzeugt, die für den Menschen nicht wahrnehmbar sind, aber deutlich für die feinen Ohren von Pferden und Hunden, die bei diesen Klängen in vollkommene Raserei geraten. Die Erbauer der Nuraghen nutzten sie als perfide Waffe gegen die punischen und römischen Invasoren, die während der Eroberungszüge im Landesinneren von ihren Tieren aus dem Sattel geworfen wurden, dank der rhythmischen Klänge Dutzender *trimpanos.* Noch bis zur Mitte des 20. Jahrhunderts wurde das Instrument von Banditen in der Macchia benutzt, um die Kompanien der berittenen Polizei aufzumischen, die nach ihnen suchten. Das *trimpanu* sieht aus wie eine kleine Trommel und besteht aus einem Zylinder aus Kork, auf den ein Stück Hundehaut montiert ist. Die brutale Tradition will es, dass der Hund verhungern muss, damit die Haut ausreichend dünn ist. Auf der Oberfläche der Trommel wird eine Schnur aus der geflochtenen Mähne eines Hengstes gespannt, die, wenn man mit dem dazugehörigen Stoff darüber reibt, einen auch für das menschliche Ohr nicht allzu angenehmen Klang erzeugt. Heute kommt das Instrument nur noch auf den Karnevalsfesten einiger Dörfer im Landesinneren zum Einsatz, wo es die Umzüge der traditionellen Masken begleitet – beispielsweise die *Merdules* in Ottana, einem der wenigen Orte, an denen das Instrument noch gebaut wird.

Herz der Trommel, Atem des Schilfrohrs

Ein anderes Dorf, das man für seine Trommelherstellung rühmt – diesmal zu rein musikalischen Zwecken –, ist Gavoi in der Barbagia von Orgosolo, dessen Trommelspieler, die *tumbarinos*, auch über die Insel hinaus bekannt sind. Es handelt sich um eine Wandergruppe, die aus einer wechselnden Anzahl von Musikern besteht, üblicherweise etwa zehn, jeder mit einer Trommel unterschiedlicher Größe und Tonhöhe, dazu eine Triangel und manchmal eine Blockflöte.

Die hohe Kunst der *tumbarinos* von Gavoi, die spielend durch die Straßen ziehen, besteht darin, eine angenehme und sogar tanzbare Harmonie zu erzeugen mit so unmelodischen Instrumenten, die üblicherweise in den Orchestern nur als rhythmischer Kontrapunkt eingesetzt werden. Außer auf den Plätzen bei verschiedenen Festen in den Dörfern haben die *tumbarinos* ihren größten Auftritt in Gavoi selbst, am Faschingsdienstag, wenn alle Bewohner des Ortes auf die Straße gehen, um Karneval zu feiern, und die Berge ringsum widerhallen vom Echo Hunderter rhythmisch geschlagener Trommeln. Eben dieser Rhythmus dominiert die Musik der Barbagia, ganz gleich, ob er von Trommeln, gesungenen Silben oder dem einstimmigen Läuten am Körper befestigter Kuhglocken erzeugt wird – die ganze Musik des Landesinneren Sardiniens scheint einem Krampf entsprungen, dem obsessiven Hämmern eines verängstigten Herzens.

Im Süden der Insel und an den Küsten kommen Trommeln und Glocken in der traditionellen Musik kaum vor, nicht einmal als rhythmisches Element. Die dortige Musik besteht seit Jahrhunderten beinahe ausschließlich aus der komplexen Polyphonie eines antiken Blasinstruments, den *launeddas*, die heute zum symbolischen Objekt der sardischen Musik überhaupt geworden sind. Die *launeddas* bestehen aus drei Rohren mit unterschiedlichen Namen und Tonhöhen, die gleichzeitig von ein und demselben Musiker gespielt werden. Die Harmonie, die daraus entsteht, ist in Klang und Ausdrucksreichtum vergleichbar mit dem schottischen Dudelsack, doch es gibt einen substantiellen Unterschied: Der gleichmäßig fließende

Luftstrom, durch den der Dudelsack einen langen, anhaltenden Ton erzeugen kann, wird durch den gefüllten Luftsack reguliert, der es dem Spieler erlaubt zu atmen. Bei den *launeddas* dagegen gibt es einen solchen Sack nicht, und die Kontinuität des Tons muss mit Hilfe der schwierigen Technik des Zirkulationsatmens erzeugt werden, die es dem Spieler ermöglicht, beim Einatmen niemals den Ton zu unterbrechen, indem er seine Backen als Luftsäcke benutzt. Das Spektakel eines *launeddas*-Spielers ist also doppelt faszinierend: Neben der Musik, die allein ausreicht, um eine ganze Piazza zum Tanzen zu bringen, steht das meisterliche Können eines Musikers, der gleichzeitig drei verschiedene Blasinstrumente spielt, ohne je den Strom des Atems zu unterbrechen. Die Zirkulationsatmung ist eine uralte Technik, die schon zu Zeiten der Nuragher bekannt war und die heute auf Sardinien nur noch in den Regionen Sarrabus, Campidano und Oristano gelehrt wird, sowie in wenigen Dörfern der Trexenta.

Poesiewettbewerbe und Klanghöhlen

Im Campidano werden nicht nur andere Instrumente gespielt, sondern auch die Art des Gesangs ist eine andere: Der strengen und melancholischen Harmonie der Chöre der Barbagia setzt sie die freudvolle Kunst der solistischen *cantadores* entgegen, die wahre Meister in der Kunst des improvisierten Reims sind. Wenn es der Rhythmus ist, der die Musik des Landesinneren beherrscht, so gehört der Ehrenplatz in den Ebenen von Oristano den Wörtern und der hohen Kunst, sie zu spontanen Gedichten zusammenzufügen, am besten zu satirischen. Zu Festen stehen auf den Bühnen der Plätze immer zwei oder drei dichtende Sänger, die, begleitet von klassischer Gitarre oder Akkordeon, den sogenannten Wettstreit *a repentina* antreten. Das ist eine poetische Komposition, bei der die Teilnehmer sich gegenseitig zu übertreffen suchen in scharfsinnigen Versen zu einem Thema, das die Organisatoren des Festivals vorgeben – üblicherweise sind das Gegensatzpaare wie Wein und Wasser, Krieg und Frieden, Schwiegertochter und Schwiegermutter und so weiter.

Der hohe Anspruch dieser Art der Unterhaltung, die der Literatur viel näher ist als der Musik, führt dazu, dass die wenigen noch verbleibenden *cantadores*, die sie ausüben, vom Publikum sehr verehrt werden.

Nachdem die Musik des Campidano zehn Jahre lang beinahe in Vergessenheit geraten war, wird sie jetzt langsam wiederentdeckt. Es gibt einen bisher gänzlich unbekannten Ort in der Gemeinde Riola Sardo, an der Landstraße nach Putzu Idu, der symbolisch für diese Rückkehr der Musik stehen kann. Eingebettet in Hügel und vollkommen unsichtbar von der Straße aus, liegt dort eine alte Sandsteingrube. Der kreative Spürsinn zweier Architekten – Pierpaolo Perra und Alberto Loche – hat sie zum Steintempel erweckt, in dem jeder Art von Musik eine Bühne gegeben wird. Die Grube war nach der Stilllegung zu einer heimlichen Mülldeponie geworden; gleich um die Ecke liegt das schönste Meer der Küste des Sinis, zu der sich nie jemand verirrte, außer um seine Abfälle dort abzuladen. Um sie vor der völligen Verwahrlosung zu retten, reichte es aus, sie von allen Spuren zu säubern, die der Mensch dort hinterlassen hatte, bis nichts mehr übrig war als die goldenen Sandsteinwände: quadratische Blöcke, die die Scheiben der Schneidemaschinen in den Stein gefräst hatten, welche jetzt hoch aufragen wie Monolithen.

So entstand der *Parco dei Suoni*, der Klangpark, den es lohnt zu besichtigen, auch wenn gerade keine Veranstaltung stattfindet: Er ist immer geöffnet und perfekt integriert in die mediterrane Macchia und die Salzfelder der Umgebung – ein enormes Steingebäude, wie ein Denkmal unter freiem Himmel, mit der Akustik eines großen Theaters.

Time in Jazz

Wenn man sonst den Musikern in Sardinien hinterherreisen muss, um sie zu hören, gibt es einen Ort, der beschlossen hat, es ganz anders zu machen, nämlich die Straßen als Auditorium und die Landschaft als stabilen Hintergrund zu benutzen. Dieser Ort ist Berchidda, eine kleine Gemeinde mit 3000 Einwohnern in der historischen Region Monte Acuto, in der Provinz Olbia-Tempio. Seit über zwanzig Jahren wird dieser Ort einmal im Jahr von einer Menge von Besuchern überrollt, die zehnmal größer ist als seine Einwohnerzahl. Verantwortlich dafür ist Paolo Fresu, der dort 1961 geboren wurde und der die Idee hatte, diesen Ort, der fernab der touristischen und kulturellen Pfade liegt, zu einer Welthauptstadt des Jazz zu machen. Zunächst schien es der nostalgische Traum eines reichen Emigranten zu sein, ein Wunsch, wie ihn viele Sarden hegen, die fortgegangen sind und die deshalb, so sagt man, immer den schrecklichen Komplex des Versagens in sich tragen. Sie denken, sie müssten irgendwie ›zurückkehren‹ und aus irgendeinem unerklärlichen Grund ›etwas zurückgeben‹. Üblicherweise handelt es sich dabei um einen pittoresken Gemeinplatz, denn die meisten der 600.000 emigrierten Sarden kehren trotzdem nicht zurück. Doch Paolo Fresu hat diese Idee verwirklicht, und mehr als das. Während seine Trompete in den großen Tempeln der Musik widerhallte und es für ihn Preise und prestigereiche Anfragen nur so regnete, träumte er davon, den Jazz in das Limbara-Gebirge zu bringen, in dem bis dahin nur die Verse *a tenore* der berühmten dichtenden Sänger der nahen Stadt Ozieri erklungen waren. Heute hört man während des Festivals ›Time in Jazz‹ nicht nur in Kirchen und auf Plätzen Musik, sondern man kann den besten *performers* der Welt auch in Scheunen, alten Schäferhütten, am Ende einer glücklichen Nacht in den Wäldern der Limbara und in der kleinen Schmalspurlokomotive lauschen, die in der Nähe von Berchidda vorbeifährt.

Es war eine sehr symbolträchtige Entscheidung Fresus, die Musik auch auf dem mobilen Stück Land erklingen zu lassen, das das Festland mit der Insel verbindet: auf der Fähre. Um zu verstehen, was es bedeutet, den Jazz auf die Fähre von und nach Sardinien zu bringen, muss man sich zunächst vergegenwärtigen, welche enorme Bedeutung die Fähre in der kollektiven Vorstellung der Sarden hat. Marcello Fois bringt es gut auf den Punkt:

> Bald war mir klar, dass diesen *Laufsteg* zu passieren die Art und Weise war, um im Anderswo heimisch zu werden. [...] Oft bin ich auf jene Schiffsstege geklettert, um zu meinem wartenden Ich überzusetzen. Und das geschah mit freudigem Entsetzen und einem Würgen im Hals, das einen packte, kaum setzte das Vibrieren des Schiffsleibs ein. Dann hieß es nämlich: Volle Fahrt voraus! und an Umkehr war nicht mehr zu denken. Wenn man aufbricht, gibt es kein Zurück mehr, wenn man auf die Welt kommt, kann man sich nicht mehr verdrücken.

Die vielleicht innovativste Idee Fresus war die, den Jazz zu einem Reisenden auf dem Meer zu machen, einen umgekehrten Emigranten, einen Clandestino, der um Aufnahme bittet, der mit dem Verkehrsmittel ankommt, das die Mehrheit der Sarden als Symbol des Abschieds kennt, des erzwungenen Aufbruchs. Wenn das Festival zu Ende ist, fahren die Besucher wieder ab, aber die Musik bleibt auf der Insel.

Für diejenigen, die diese Kunst erlernen wollen: Paolo Fresu ist auch Direktor des *Seminari Nuoro Jazz*, einer ständigen musikalischen Werkstatt, die das einzige Beispiel einer qualifizierten Ausbildung in der modernen Musik in Sardinien darstellt.

Tänze in drei Schritten

Der sardische Tanz wird noch viel getanzt in Sardinien. Beim ersten Hinschauen könnte man ihn für ein synkopisches Gehopse zum hypnotischen Rhythmus einer relativ monotonen Musik halten. Stattdessen handelt es sich um eine Sequenz rhythmischer Tanzschritte, die sehr komplex sein kann und die sich oft von Dorf zu Dorf vollkommen unterscheidet. In jedem Fall sind jedoch Können und Ausdauer gefragt, denn die Musikstücke, zu denen man tanzt, sind selten kürzer als zehn Minuten, so dass man danach ziemlich außer Atem ist. Beinahe alle sardischen Tänze sind Gruppentänze, darunter einige, bei denen es keinen Unterschied zwischen den Geschlechtern gibt, doch davon sollte man sich nicht täuschen lassen. Trotzdem ist das Paar die kleinste Einheit vieler lokaler Tänze. Die Bestimmungen sind seltsam im Vergleich zu den traditionellen Paartänzen anderer Regionen. Zum Beispiel schauen sich die Tänzer dabei nie ins Gesicht, sondern stehen nebeneinander, die Arme fest eingehakt, wobei sich die Körper berühren, um sich wie ein einziger Körper im Rhythmus der Musik zu bewegen; die besten Paare sind die, zwischen denen kein allzu deutlicher Größenunterschied besteht. Wegen der unvermeidlichen Intimität, die zwischen den Tänzern des sardischen Tanzes entsteht, rieten bis in die 1960er Jahre viele katholische Vereine ihren unverheirateten weiblichen Mitgliedern davon ab, sie mit jemand anderem zu tanzen als einem engen Verwandten. Natürlich befolgten nicht viele diesen Rat, was man daran erkennt, dass die Struktur der traditionellen Tänze noch heute praktisch auf der ganzen Insel besteht, wenn auch in unterschiedlicher Ausprägung. Weiterhin ist beim sardischen Tanz die männliche Figur generell das dominante Element. Während der Grundschritt für Tänzer beiderlei Geschlechts gleich ist, steht während der musikalischen Passagen, die eine Improvisation vorsehen, dem Mann die volle Freiheit der Ausführung als Solist offen, während die Frau an seiner Seite auf ihn wartet und weiter die einfacheren Schritte tanzt. Dadurch steigern sich die Tänze auf den Plätzen häufig zu wahren Wettbewerben, bei denen jeder sein Können zur Schau stellt, und auch deshalb werden bei Dorffesten häufig Gruppen aus anderen Dörfern herbeigerufen, die dann die traditionellen Tänze tanzen, um den Zuschauern neue Schrittkombinationen vorzuführen. Die Begleitinstrumente für den sardischen Tanz sind das Akkordeon oder die *launeddas*, sehr viel seltener der Gesang, und die Struktur der Melodie erinnert stark an die der keltischen und schottischen Tänze.

Der Ursprung der sardischen Tänze liegt beinahe sicher im Ritual, wahrscheinlich dienten sie der Besänftigung oder als Fruchtbarkeitsriten. Doch auch ihr Nutzen in der Behandlung psychischer Leiden wurde attestiert, ähnlich wie die Tarantella im Salento zur Heilung eines Spinnenbisses – auch wenn in Sardinien diese Austreibung vollständig ohne Ekstase auskommt. Was an der sardischen Art des Tanzes verblüfft, ist gerade seine starke Kodifizierung, die Ernsthaftigkeit und der Respekt für die Regeln und die choreographische Komposition, die auch auf dem Höhepunkt der musikalischen Entwicklung unverändert bleibt. Die älteste Form des Tanzes ist sicher der Kreistanz, der um das Feuer herum entstand und der noch heute im Zentrum Sardiniens getanzt wird, zum Fest des Heiligen Antonius, das den Karneval der Barbagia einleitet.

Etwa zwanzig Jahre lang, von den 1960er bis in die 1980er Jahre, steckte der sardische Tanz in einer Krise, die seine Eigenschaft als identitätsstiftendes Merkmal betraf. Die neuen Generationen lernten ihn nicht mehr, eben weil er implizit eine Zugehörigkeit ausdrückte, so als könne man durch die Ablehnung dieses und anderer Symbole der Wiedererkennung sich selbst verleugnen, um sich stattdessen in weniger inseltypischen und darum weniger isolierten Symbolen wiederzufinden. Paradoxerweise konnte man den sardischen Tanz erst wieder auf den Plätzen sehen, nachdem seine Bedeutung verwässert worden und er zum folkloristischen Element geworden war: erst als die Sarden selbst begannen, ihn als exotisch zu betrachten, als Teil einer ausgetriebenen Identität.

Provinz Olbia-Tempio, historische Region: Gallura,
Gemeinde La Maddalena.

Provinz Oristano, historische Region: Campidano di Oristano,
Gemeinde Cabras.

Provinz Cagliari, historische Region: Campidano di Cagliari,
Gemeinde Cagliari.

Provinz Nuoro, historische Region: Barbagia,
Gemeinde Orgosolo.

7. Unabhängigkeit

Herren einer staatenlosen Nation

> »Du hast gute Gründe, die Beine unter den Arm zu nehmen, aber die anderen anderthalb Millionen deinesgleichen, sollen sie alle die Beine unter den Arm nehmen? Von ihnen unterscheiden kannst du dich nicht, auch nicht aus ihnen herausragen, dein Schritt kreuzt die Schritte der anderen, es gibt kein Versteck, keine Höhle, kein Loch, kein dichtes Gebüsch. Genug mit dem Packen und Auspacken, dem sich Versklaven, um das Ruder in die Hand zu nehmen.«
> Gavino Angius: *Cartas de Logu*

Zu den ersten Dingen, die einem auffallen, wenn man auf den Straßen Sardiniens unterwegs ist, gehören die vielen Inschriften und Graphiken, die von der Unabhängigkeit Sardiniens handeln, auf jeder Mauer und Straßenüberführung. Meist sind es einfache Abkürzungen und Symbole politischer Gruppen, die für die Unabhängigkeit kämpfen; oft handelt es sich jedoch um explizite Forderungen, rigoros auf Sardisch verfasst. Am häufigsten wird darin die Schließung der Militärbasen und die Reduzierung der amerikanischen Präsenz auf sardischem Boden verlangt, auf die Privatisierung der Wasserwerke geschimpft, kundgetan, dass ›Sardinien nicht Italien‹ sei, die Freilassung nicht näher bezeichneter Häftlinge gefordert, die wegen ihres patriotischen Kampfes einsitzen, und, ganz generell, die Freiheit der Insel. Seit Jahren schon erreichen die sardischen Unabhängigkeitsbewegungen keinen relevanten Prozentsatz, um in der Politik irgendein Gewicht zu haben.

Man könnte denken, dass ihre Instanzen kein verbreitetes Gefühl repräsentierten. Doch es genügt, sich mit irgendeinem beliebigen Sarden zu unterhalten, um zu verstehen, dass auf der ganzen Insel mehr oder weniger stark das Bewusstsein herrscht, Träger einer kollektiven Identität zu sein, einer Art Geist des Volkes, der sich nicht auf den Rest Italiens erstreckt, was Sardinien häufig die Bezeichnung ›Nation ohne Staat‹ eingetragen hat. Dies hängt, abgesehen von den geographischen Gründen, sicher mit der besonderen historischen Entwicklung der Insel zusammen. Manifestationen von nationalistischer Intoleranz entwickeln sich hier, obwohl sie denen an anderen Orten zu ähneln scheinen, aus einer ganz anderen Position und sind tiefer verwurzelt. Die Sarden kennen ihre eigene Geschichte häufig kaum, denn noch bis vor wenigen Jahrzehnten gab es keine offizielle ›Geschichte Sardiniens‹. Hundert Jahre lang, seit der Einführung der allgemeinen Schulbildung, wurde die Geschichte Sardiniens von den Historikern im Piemont geschrieben.

Es ist die Geschichte einer langen Unterdrückung, die von den Sarden selbst nicht allein als natürliches Ergebnis der Zusammenstöße von Mächten und Kulturen verstanden werden kann, die dem ähneln, was auch andere Völker in den verschiedenen Epochen der Geschichtsschreibung erlebt haben. Wenn Geschehnisse weit genug in der Zeit zurückliegen, dass man sie nur noch aus Erzählungen kennt, passiert es, dass Dinge wie Fremdherrschaften zu Ereignissen werden wie jedes andere auch, ein fester Bestandteil der Entwicklung einer jeden Ethnie, mit Protagonisten, über die man gar nicht mehr urteilt – wie Naturkatastrophen, Erdbeben oder Überschwemmungen, Dinge, die eben geschehen. Doch auf Sardinien scheint diese Distanzierung nicht möglich, weil die Konsequenzen der Unterdrückung noch so sichtbar sind, dass sie keinesfalls neutral betrachtet werden können. Man muss in diesem Zusammenhang die Rückständigkeit der sardischen Wirtschaft nennen, doch es gibt auch weniger offensichtliche Zeichen der langen Gewohnheit, gezwungenermaßen Teil eines anderen Volkes zu sein. Das deutlichste ist sicher die unausgesprochene Überzeugung, die Lösung der Probleme, welcher Art sie auch seien, müsse notwendigerweise von außen kommen – eine kuriose messianische Erlösungserwartung, die zu ambivalenten Verhaltensweisen führt, zwischen der stolzen Verteidigung einer scheinbaren Autonomie und dem bereitwilligen Abgeben derselben an den Erstbesten, der des Weges kommt, solange er im Gegenzug Entwicklung und in manchen Fällen einfach Anerkennung verspricht.

Diese Erwartung hat sich oft in einer unmotivierten Zustimmung von Seiten der lokalen Administration zu den Bauvorhaben der nichtsardischen Investoren niedergeschlagen, die Geschäfte jeder Art auf der Insel tätigen wollten, so als verschaffte die einfache Tatsache ihrer Herkunft von jenseits des Meeres ihnen einen privilegierten Status, einen Kredibilitätsbonus, den die Sarden sich noch bis zum heutigen Tag selbst absprechen. Auch einem einfachen Besucher ohne Geschäftsabsichten kann es passieren, dass er sich im Gespräch mit denselben bangen Erwartungen konfrontiert sieht, wie es der Schriftsteller und Komiker Nino Nonnis treffend beschreibt:

> Es gibt diejenigen, die ihren Gesprächspartner andauernd fragen, ob ihm Sardinien gefällt, ob ihm die sardischen Frauen gefallen, ob ihm seine Schwester gefällt. Wozu dient diese Notwendigkeit, immer noch ein weiteres schmeichelhaftes Urteil herauszukitzeln, wenn nicht dazu, einen prekären Narzissmus aufrechtzuerhalten, der andauernde Bestätigung braucht. Kein Amerikaner wird mich fragen, ob ich Amerika schön finde, denn er weiß bereits, dass es schön ist, und wenn ein Stück fehlt, das seine junge Vergangenheit nicht bieten kann, dann schafft er es eben selbst, komplett bis hin zum fehlenden Arm der Nike.

Gezwungenermaßen frei

Nonnis hat Recht: Es kommt vor, dass es den Sarden, abgesehen von einigen bedeutenden Ausnahmen, noch große Angst macht, sich als autonom zu denken, ohne Urteil und Einmischung von außen. Der Ort, der symbolisch für diese Abhängigkeit steht, ist das Archipel La Maddalena und die Demobilisierung der großen amerikanischen Marinebasis, die 32 Jahre lang ihre Station auf dem Archipel hatte. Die große Insel bildet zusammen mit einigen kleineren einen Garten Eden, der heute Nationalpark ist, wo sich mehr als drei Jahrzehnte lang die Fischer und Einwohner des Ortes das Meer und die wenige verfügbare Erde mit dem Gleichschritt der Matrosen und den Manövern der Atom-U-Boote der Vereinigten Staaten geteilt haben, bis zum x-ten vehement formulierten Antrag der Region Sardinien zur Beendigung der unbequemen militärischen Knechtschaft. Abgesehen davon, dass Sardinien seit Jahrzehnten 66 Prozent der in Italien stationierten Militärbasen beherbergt, hatte zu diesem Antrag wahrscheinlich auch die Vermutung eines Zusammenhangs zwischen den Nuklearwaffen und der wachsenden Zahl von Tumoren und Leukämieerkrankungen in der lokalen Bevölkerung geführt. Obwohl auf der ganzen Insel die Wiedereroberung eines der schönsten Küstenstreifen Sardiniens gefeiert wurde, fand die kleine Gemeinde auf La Maddalena keine Ruhe. Sogar die nationalen Zeitungen berichteten von den surrealen Reaktionen der Leute in der Gegend, die so gar nicht erpicht darauf schienen, die Herrschaft über ihr beneidenswertes Meer wiederzuerlangen. Die *Repubblica* vom 29. September 2007 berichtet:

> Nachdem der Kalte Krieg beendet ist, hat sich die strategische Aufmerksamkeit der Vereinigten Staaten und der Nato zunehmend auf die Krisenherde im mittleren Osten verlegt. So wurde es möglich, den Nationalpark des Archipels La Maddalena von der ›unbequemen‹ Präsenz der Truppen zu befreien, die bis Ende Februar vollständig beendet sein wird, wenn das gesamte Personal und die Ausrüstung der Amerikaner abgezogen sind. Nach dem Ablegen des Versorgungsschiffes und der Tauchereinheiten wurde die Reinigung des Meeresbodens mit Hochdruckreinigern begonnen, im gesamten Becken, in dem die Schiffe und U-Boote der USA gelegen hatten. Derweil

wurde auf einem italienischen Schiff auf Initiative der Händler der Maddalena ein nostalgisches Banner mit der Aufschrift: ›Ihr werdet uns fehlen‹ entrollt.

Was am Fall von La Maddalena überrascht, ist nicht so sehr die verständliche Sorge der Einwohner, durch den Abzug der Militärbasis wirtschaftliche Einbußen zu erleiden, sondern vielmehr die Tatsache, dass die erste Reaktion nicht die Wertschätzung der Möglichkeit einer autonomen Entwicklung gewesen ist, ohne Brot gegen Plutonium zu handeln, so als wäre die eigentliche Anstrengung nicht, sich neu zu erfinden, sondern sich in Freiheit neu zu erfinden. Der aktuelle Status des Archipels La Maddalena ist immer noch der eines Paradieses, aber es scheint, als fühlten sich seine Bewohner von ihren amphibischen Gottheiten schmählich im Stich gelassen. Aus der Wasseroberfläche steigt nicht mehr das U-Boot Hartfort hervor, während man die Wäsche auf die Leine hängt, in der eigenartigen Stille, die unbelebten Dingen eigen ist. Die fröhlichen, lauten Soldaten bevölkern nicht mehr beim Ausgang die Straßen und die irischen Pubs, die von ihrem Getränkekonsum lebten. Die Fähre, die die Insel mit Palau verbindet, transportiert keine langen Autos mit abstrusen Nummernschildern mehr, die den doppelten Fährpreis eines europäischen Autos zahlen müssen. Was bleibt, ist das türkise Meer des Archipels, ohne Übertreibung eines der saubersten des Mittelmeers und sicher das meistfotografierte der ganzen Insel, das langsam seine Ufer zurückerobert, während die leerstehenden Gebäude der amerikanischen Marine mit dem melancholischen Hauch überzogen werden, der allen verlassenen Orten anhaftet. Die Projekte zur Umwidmung, die die Region versprochen hat, werden die Bewohner von La Maddalena vielleicht von der Angst befreien, einsam mit ihrer neuen und unbequemen Chance auf Selbstbestimmung zu sterben.

Ein Ort, an dem sich die Autonomiebestrebungen in eine ganz andere Richtung entwickelt haben als in La Maddalena, ist Peschiera di Pontis in der Provinz Oristano, die kleine virtuelle Hauptstadt des sehr reellen Reiches der Fischer von Cabras.

Von der Geschichte Sardiniens als einer Geschichte sozialer und politischer Unterdrückung auch in jüngerer Zeit zu sprechen ist insofern berechtigt, als die Feudalprivilegien auf der Insel erst 1973 abgeschafft wurden, als Folge des mysteriösen Verschwindens von Don Efisio Carta, dem letzen verbliebenen Baron des sardischen Feudalismus. Zum Privatbesitz Don Efisios zählten mehrere Kilometer der heutigen Sinis-Küste, vor allem die Naturoase von Seu, wo er sein Jagdgebiet hatte, und der gesamte Teich von Cabras mit seinem Fischvorkommen, der mit 200 Hektar Fläche der größte Europas ist. Das Verschwinden Don Efisios galt zunächst als einfache Entführung, bis klar wurde, dass es keine Lösegeldforderungen gab. Damit endete der lange Kampf der Fischer von Cabras, wieder in den Besitz des Teiches zu gelangen. Die Abwesenheit des Besitzers erleichterte der Region die Verhandlungen um den Wiedererwerb des Teiches, die das Nutzungsrecht der Gemeinde Cabras und seinen Fischern zuschrieb, die noch heute auf dem riesigen Wasserspiegel arbeiten.

Das Feudalsystem Sardiniens lässt sich nicht mit dem Feudalismus im übrigen Italien vergleichen. Vor allem, weil es sich Hunderte von Jahren später entwickelte, und auch, weil der sardische Baronismus eher an Kolonien erinnert, deren Herrscher weit weg waren. Der lokale Adelige war nichts weiter als ein Verwalter, und er handelte nicht im eigenen Interesse, sondern im Namen eines wirtschaftlichen und politischen Subjekts, das nicht dort beheimatet war; dies bedeutete eine Politik der Ausbeutung der Ressourcen ohne das Gegengewicht konstruktiver Investitionen. Insofern hat der Feudalismus in Sardinien, besonders in seiner letzten monarchischen Ausprägung während des Königreichs Sardinien-Piemont, viel mehr negative Effekte hinterlassen als Spuren von Entwicklung. Wo andere Herrschaften Städte, Denkmäler und Straßen gebaut hatten, die zum Teil noch heute in Benutzung sind, hat der Baronismus auf Sardinien nur das für die eigenen Bedürfnisse absolut Nötigste konstruiert. Jemand, der auf der Suche nach seinen Schätzen ist, findet diese in den historischen Palästen im Piemont, auf deren Fußböden aus dem rosafarbenen Granit der Gallura die Damen und Funktionäre des Königreichs Sardinien tanzten und ihren Malvasierwein tranken.

Das Feudalsystem der Insel ist eher mit der Herrschaft der Dons der spanischen Krone in Mexiko zu vergleichen als mit der Herrschaft im italienischen Mittelalter. Das erklärt auch, warum sich die Herrschaft so lange halten konnte. Noch die sardische Hymne *Su patriottu sardu a sos feudatarios*, ›Der sardische Patriot an die Feudalherren‹, zeigt die Ambivalenz des sardischen Autonomiegeistes, der immer nur bis zu einem bestimmten Punkt bereit scheint, die eigene Abhängigkeit in Frage zu stellen. Obwohl die Kaste der lokalen Barone stark von den Savoyern unterstützt wurde, ist der Text der Hymne überhaupt nicht antimonarchisch, sondern überraschenderweise nur antifeudal, so als sei die eine Sache nicht Ausdruck der anderen. In Sardinien war die Verbundenheit des Volkes mit dem Haus Savoyen immer groß, und die offiziellen Daten zum Verfassungsreferendum 1946 zeigen, wie die Monarchie auf der Insel mit einer klaren Mehrheit der Stimmen gewann (allein in Cagliari holte sie 72 Prozent der Stimmen), mit einem Prozentsatz, der auch die der anderen monarchischen Mittelmeerregionen weit übertraf. Die Namen der sabaudischen Herrscher wurden noch jahrzehntelang als Bezeichnungen für sardische Orte verwendet – die Hauptstraße der Insel wird heute noch liebevoll die ›Carlo Felice‹ genannt, obwohl die Monarchie selbst der Insel keine besondere Wertschätzung entgegenbrachte, im Gegenteil, sie versuchte sie loszuwerden, indem sie sie zum Tausch gegen andere Gebiete anbot.

Auch hingen die Sarden lange dem Irrtum an, mehr zum ›Reich‹ beitragen zu müssen als andere. Man denke an die legendäre *Brigata Sassari*, die Infanteriebrigade Sassari, besonders im Hinblick auf ihre Zusammensetzung: Es ist tatsächlich das einzige Infanterieregiment, das vollständig aus Personen ein und derselben Region besteht: Sardinien.

Sardiniens (mehr oder weniger) großer Tag

Die Tatsache, dass die Geschichte Sardiniens viele Jahre lang weder geschrieben noch erforscht wurde, hat es nie erlaubt, eine verlässliche und kollektive Erinnerung für seine Bewohner zu konstituieren, die sich über die Zeit daran gewöhnt haben, mehr in den Geschichten zu Hause zu sein als in der Geschichte. Man verzichtet gerne darauf, die Ereignisse zu Erinnerung werden zu lassen, wenn die eigene Vergangenheit nichts weiter ist als eine lange Liste von Unterdrückungen. Dieses Unbehagen legt der Schriftsteller und Anthropologe Giulio Angioni dem alten Vater von Sigismondo Arquer in den Mund, dem Intellektuellen aus Cagliari, der 1571 auf dem Scheiterhaufen der Inquisition verbrannte:

> Ich erinnere mich an das Gesicht meines Vaters, als er meine *Sardiniae brevis historia et descriptio* las. Er sah mich lange an, dann begann er, mir seine Überlegungen darzulegen. Die Geschichte, sagte er, die sollen die Römer, die Griechen, die Spanier, vielleicht auch die Pisaner und die Genuesen studieren, und auch viele andere, wenn es ihnen Freude macht, aber nicht wir Sarden. Wenn wir die Geschichte studieren, können wir nichts anderes tun, als wütend zu werden. Kannst du dir einen Sarden vorstellen, der seine Geschichte liest, so *brevis* sie auch sein mag? Er blickt finster, nur ab und zu lächelt er kurz, aber sardonisch. Ja, ein Sarde, der seine Geschichte liest,

wird wütend. Und er versucht zu verstehen, auf wen, aber es sind so viele, dass man den Überblick verliert über all die unheilvollen Jahrhunderte.

Diese Überlegung zur schmerzlichen Verbindung der Sarden mit ihrer Geschichte ist wichtig für die Entstehung der meisten Unabhängigkeits- und Autonomiebewegungen der Insel, die fast immer aus dem wiederentdeckten Bewusstsein entstanden, als Land mit Füßen getreten worden zu sein. Nicht alle dieser Leute sahen in der Demokratie einen gangbaren Weg, einige radikalere optierten für anarchische und aufständlerische Positionen. Der parlamentarische Bericht des SISDE (*Servizio per le Informazioni e la Sicurezza Democratica*, der ehemalige italienische Geheimdienst) über den internen Terrorismus sah 2005 das sardische Aufständlertum noch immer als weit verbreitete Realität an, als einen »der aktivsten Verfechter bewaffneter Propaganda«.

Dies hat zur Folge, dass in der öffentlichen Meinung Italiens nun unterschiedslos alle Unabhängigkeitsbestrebungen der Insel mit etwas Zerstörerischem gleichgesetzt werden. Und das ist paradox, wenn man bedenkt, dass der einzige regionale Feiertag Sardiniens im Gedenken an ein historisches Ereignis dem Aufstand gegen die herrschenden Machthaber gewidmet ist, die der Insel die Selbstbestimmung verweigerten. Das Fest heißt *Sa Die de sa Sardigna*, ›der Tag Sardiniens‹, und er wird jedes Jahr am 28. April in Erinnerung an die sogenannten *vespri sardi* von 1794 gefeiert, den Aufstand, mit dem der piemontesische Vizekönig und sein Hofstaat vertrieben und gezwungen wurden, im Hafen von Cagliari ein Schiff zu besteigen. Zum Jahrestag des Ereignisses finden auf der ganzen Insel Kundgebungen statt, um eine gemeinsame Erinnerung überhaupt erst zu konstituieren, indem den Leuten erklärt wird, warum es an diesem Tag etwas zu feiern gibt. All das geht von Initiativen aus, die das Bewusstsein für die Geschichte und den Wert der Autonomie der Insel insbesondere in den Schulen und unter Jugendlichen zu stärken versuchen.

Tatsächlich wird der Jahrestag immer mehr als sardischer Nationalfeiertag angesehen. Kritiker befürchteten, dieser Schritt könne die schon allzu präsente Erwartung einer kompletten Abspaltung Sardiniens vom Rest Italiens weiter schüren. Welche Kultur auch immer bestrebt ist, den *Sa Die de sa Sardigna* zum Gedenktag zu machen – die italienische Regierung jedenfalls bekräftigt in regelmäßigen Abständen die Tatsache, dass für sie kein souveränes sardisches Volk existiert.

Am 28. April jedes Jahres kann man in Cagliari unter anderem eine Nachstellung der Jagd auf die Piemonteser in historischen Kostümen sehen, in den Straßen der historischen Altstadt, wo sich die Ereignisse tatsächlich zugetragen haben. Die meisten solcher Veranstaltungen werden für die Touristen organisiert, doch diese ist eine Ausnahme, denn die Sarden begehen diesen Tag vor allem für sich selbst und werden damit zu Besuchern ihrer eigenen Geschichte.

Landwirtschaftliche Abhängigkeit

Der Drang nach Unabhängigkeit und Autonomie wird in Sardinien häufig durch den Wunsch nach identitätsstiftender Zugehörigkeit motiviert, was zu vielen Stereotypen führt, die mit der Realität wenig zu tun haben. Der symbolische Ort, an dem diese falsche Selbstdarstellung der Sarden kulminiert, ist der Agriturismo; keine Herbergsform in Sardinien ist verbreiteter als diese. 2007 zählte das regionale Verzeichnis beinahe 700 angemeldete Betriebe, denen man noch eine unbestimmte Anzahl spontaner Betreiber hinzurechnen muss. Der Agriturismo ist der Ort, an dem die traditionelle sardische Gastfreundschaft zu einer direkten Geschäftsbeziehung wird, die dem Touristen die Möglichkeit bietet, einen idyllischen Eindruck von dem zu gewinnen, was die Reiseveranstalter gerne ›das authentische Sardinien‹ nennen. Meistens bekommt man dort allerdings nur wohlschmeckende Dinge als angeblich typisch vorgesetzt, wenn man als typisch das Spanferkel oder das Zicklein am Spieß bezeichnen will, das die Bewohner der Insel eigentlich nur an hohen Festtagen essen, das aber in der Vorstellung des durchreisenden Touristen vermutlich das Hauptnahrungsmittel des echten Sarden darstellt.

Die Bedeutung des Wortes ›typisch‹ wird häufig modifiziert und den Erwartungen der Inselgäste vom ursprünglich Sardischen angepasst. So entstehen spezielle Zubereitungen allein für den Bedarf der Touristen, die in der Überzeugung nach Hause zurückkehren, sie seien in das verschlossene Herz der Insel vorgedrungen.

Ein Beispiel so einer Inszenierung ist der sogenannte *pranzo con i pastori*, das Essen mit den Schäfern, ein Geschäft, das besonders in der Barbagia, Ogliastra und Gallura boomt, wo es genügend Herden und geeignete Orte dafür gibt. Die Touristen werden in große Jeeps verladen und durch Macchia und Wald gefahren, auf einer Strecke, wo selbst die geringe sardische Bevölkerungsdichte – weniger als 70 Einwohner pro Quadratkilometer – noch abnimmt, bis man einen einsamen Ort erreicht, wo ein halbes Dutzend Männer unter freiem Himmel genügend Schweinefleisch für alle brät. Auf dem Weg dorthin bereiten die Führer die Besucher vor, mit Geschichten von Entführungen in dieser dichten, üppigen Landschaft, die undurchdringlich ist für jeden, der sie nicht so gut kennt wie die Hirten. Die gutbetuchten Feriengäste der Costa Smeralda schätzen den Nervenkitzel der scheinbaren Gefahr, sodass das Essen mit den Schäfern zu einem unverzichtbaren Programmpunkt geworden ist, wobei das vollkommene Fehlen von Bequemlichkeit und hygienischen Standards eines Restaurants die Anziehung nur noch verstärkt, und später Teil der stolzen Berichte für die daheimgebliebenen Freunde in Porto Cervo wird.

Diese besondere Art der Exkursion hat innerhalb von zehn Jahren die Zahl der Schweinezuchten im Zentrum Sardiniens um ein Dreifaches anwachsen lassen, und sie ermöglicht vielen arbeitslosen Jugendlichen eine Beschäftigung, die jetzt auf den Weiden für die Touristen die typischen Schäfer mimen, während die wahren Hirten zusammen mit ihren Hütehunden bei den Tieren sind, inzwischen häufiger Rumänen als Sarden. Die intakte Natur der Berge im Landesinneren macht die Szenerie nicht nur glaubwürdig, sondern auch so angenehm, dass die Unterscheidung zwischen der Wirklichkeit und dem Wahrscheinlichen vielleicht gar nicht mehr so relevant ist.

Es ist schwer zu glauben, dass die sardische Unabhängigkeit über diese Abhängigkeit von einem bestimmten Bild der Insel erreicht werden kann, das zwar falsch, aber sehr einträglich ist. Der so praktizierte Agrotourismus ist die ökonomisch erschwingliche Ausweitung eines Aufenthalts an der Costa Smeralda mit seinen nachgebauten typischen kleinen Villen, seinen Straßen in nachgemachtem typischem Stein und seinen Gärten mit nachgemachter typischer mediterraner Macchia, die durch komplizierte, unsichtbare Bewässerungssysteme mit der sonst knappen Feuchtigkeit versorgt werden. Den Sarden ist nicht immer bewusst, was es für diese geliehene Identität zu opfern gilt. Besser als jede Erklärung geben die Worte des Schriftstellers Alberto Capitta aus Sassari den bitteren und subtilen Sinn wieder, der die Unabhängigkeit mit der Freiheit verbindet, nur für sich selbst Sarde zu sein, ohne sein Sardischsein für andere zur Schau stellen zu müssen:

> Es ist die Erinnerung des Waldes, die die Einsamkeit der Sarden begleitet, die ihnen ebenso inmitten der Felder Gesellschaft leistet wie beim Autofahren, in einer Menschenmenge oder in der Abgeschiedenheit der eigenen Wohnung. Vielleicht ist es das, was in ihnen ab und zu wie ein Zeichen einer alten Spiritualität aufsteigt, die sich heutzutage im Trubel der Bars oder im Gedränge der Großsupermärkte verliert. […] Es genügt eine kurze Pause der Reflexion, ein Moment

der Niedergeschlagenheit, ein verdorbener Abend oder ein Zipfel Traurigkeit, dass sie in sich den Anklang einer Identität fühlen. Nichts Besonderes. Nur ein Hauch, eine leichte Brise. Doch in diesem Hauch steckt das grundlegende Unglück einer Erde, die seit jeher ihrer Souveränität beraubt war; eine nie endende Geschichte der Nacht, die Geschichte der Insel in der Nacht der Zeit. Das ist es, was die Bewohner Sardiniens in sich tragen, was ihre Gesichter ausstrahlen, wenn sie Teller waschen oder den Touristen der Costa Smeralda das Essen und den Nachtisch servieren, degradiert wie sie sind zu einem Volk der Kellner.

Das Bewusstsein der Unterwerfung ist die andere Seite des kollektiven Strebens, nicht wieder unter irgendjemandes Kontrolle zu enden. Die Tatsache, dass dieses Bedürfnis sich beinahe immer nur in extremen Formen von Individualismus äußert, befördert natürlich das Gegenteil. Diese Neigung kritisierte Emilio Lussu, der Gründer des *Partito sardo d'Azione*, eine der wenigen politischen Gruppierungen der Insel, die das Wort ›sardisch‹ im Namen tragen und nie Teil der Unabhängigkeitsbewegung gewesen sind. Laut Lussu ist das Streben nach Selbstbestimmung die Erbsünde der Sarden, und seiner Meinung nach ist sie dazu bestimmt, immer in Frustration zu enden:

> Doch diese psychologische Gemeinsamkeit hat uns nie vereint, und sie vereint uns auch jetzt nicht. Denn die Uneinigkeit ist unser primäres Merkmal. Wir alle sind schrecklich individualistisch, mit allem, was der Individualismus mit sich bringt. Wir spüren, dass wir eine verhinderte Nation sind, ohne anerkennen zu wollen, dass es so sein musste und nie anders hätte sein können, dass eine so kleine Insel in dieser Lage kein Jahrhundert unabhängig und souverän überstehen konnte. Diese Weigerung, unsere kollektive Niederlage als Volk anzuerkennen, hat uns keine andere Möglichkeit gelassen als die Rückbesinnung auf die Persönlichkeit des Einzelnen.

Obwohl diese Interpretation berechtigt ist, gibt es trotz allem diesen ›Hauch‹, von dem Capitta schreibt, noch heute in vielen Sarden.

Provinz Sassari, historische Region: Logudoro, Gemeinde Osilo.

Provinz Oristano, historische Region: Montiferru, Gemeinde Santulussurgiu.

Provinz Lanusei, historische Region: Ogliastra, Gemeinde Tortolí.

Provinz Oristano, historische Region: Campidano, Gemeinde Villaurbana.

Provinz Oristano, historische Region: Montiferru, Gemeinde Seneghe.

8. Nahrung

Etwas, um zusammen zu essen. Oder gar nicht

»Wir sagten unseren drei Freunden von der Eisenbahn gute Nacht und gingen zu Bett. Wir waren erst zwei, drei Minuten in unserem Zimmer, als die braune Frau klopfte: wenn es uns recht sei, Schwarzmütze schicke uns eines seiner kleinen, weißen Brötchen. Wir waren wirklich gerührt. Solche kleinen, liebenswerten Gefälligkeiten sind aus der Welt verschwunden.«
D.H. Lawrence: *Das Meer und Sardinien*

Nahrung ist die Quintessenz des Typischen. Wo immer man im Urlaub hinfährt, alle wollen ›typische Gerichte des Ortes‹ essen, doch die wirklich typischen Dinge eines Ortes sind die, die die Leute zu Hause für sich kochen. Bis vor sechzig Jahren war auf Sardinien, wie in allen anderen landwirtschaftlich geprägten Wirtschaftssystemen, das Typische vor allem der Hunger, der mit einfachen und ärmlichen Gerichten besänftigt wurde, auf Basis von Gemüse und sehr viel seltener mit Delikatessen wie Fisch, Fleisch und Süßigkeiten, die heute das tägliche Menü von Restaurants und Agriturismi bestimmen. Ein Überbleibsel dieser Erinnerung an den Hunger ist sicher die Gewohnheit, jetzt, wo die Möglichkeit da ist, überproportional viel Essen auf den Tisch zu bringen, wie es die sardischen Hausfrauen tun, nach dem Motto: *Meglio che ne avanzi piuttosto che ne manchi*, Lieber zu viel als zu wenig.

Auf Sardinien sind all die wirklich typischen Speisen aus der Anpassung an die Gegebenheiten und dem Mangel an Zutaten entstanden. Zum Beispiel ist das berühmte ›porcetto‹, ein Spanferkel, das in einem Loch unter der Erde gebraten wird, kein Zeichen dafür, dass die Inselbewohner eine besonders komplizierte Zubereitungsart schätzen, sondern vielmehr der Notwendigkeit, ein erbeutetes Diebesgut möglichst unauffällig zu essen. Es hat nicht viel

Sinn, ein legal im Supermarkt oder beim Züchter gekauftes Ferkel heute noch auf diese Art zuzubereiten, und das tut auch niemand, außer um als touristischen Gag den Besucher glauben zu machen, dass auf der ganzen Insel zur Mittagszeit Löcher in die Erde gegraben werden, um ein Spanferkel darin zu braten.

Die Languste ›alla catalana‹, ein sogenanntes typisches Gericht aus Alghero, wird mit so vielen Zwiebeln und Tomaten serviert, dass der delikate Eigengeschmack vollkommen überdeckt wird, denn wenn man zum Fischen hinausfuhr, blieb man so viele Tage auf dem Meer, dass die Krustentiere, die an Bord verendeten, auf diese Weise zubereitet werden mussten, um ihren ranzigen Geruch mit dem duftenden Gemüse zu überdecken.

Nach demselben Prinzip waren die knusprigen Scheiben des ›pane carasau‹, der typischen sardischen Brotfladen, die heute in jedem Nobelrestaurant auf den Tisch kommen, die einzige Art, wie die Hirten ein nicht vollkommen vertrocknetes Brot essen konnten, wenn sie tagelang von zu Hause fort waren auf der Suche nach einer saftigen Talweide für die Tiere.

Die lange Zeit der Armut hat bei den Sarden eine rituelle Einstellung zum Essen zurückgelassen, die dem unabdingbaren Gebot des Teilens gehorcht. Alles Essen im Haus wird geteilt, immer und ganz selbstverständlich, mit jedem, der vorbeikommt: Kein Gast geht je nach einem Besuch mit leeren Händen nach Hause. Die Schriftstellerin Amelie Posse erzählt von diesem Brauch, der ihr auffiel, als sie noch nicht einmal auf der Insel angekommen war:

> Schon im Zug bekam ich die erste Kostprobe ihres Sinns für Großzügigkeit und Gastfreundschaft, was mir großen Eindruck machte. Wir hatten uns gerade erst vorgestellt, und schon begannen sie, ihre Körbe zu öffnen und mir Essen anzubieten: Sie weigerten sich zu essen, wenn ich ihnen keine Gesellschaft leistete.

Noch heute ist es Sitte, in der Nachbarschaft den Überschuss der Lebensmittel zu verteilen, mit denen man gerade gesegnet ist, vom Obst, das man im Garten geerntet hat, über Süßigkeiten, die zu besonderen Festtagen zubereitet werden, bis hin zum hausgemachten Wein und Olivenöl. Es entsteht so eine kuriose Prozession von Menschen, die Häuser betreten und häufig mit irgendwelchen Behältern in der Hand wieder herauskommen. Dieser Brauch der gegenseitigen Solidarität, die in der Vergangenheit viele Familien vor dem Elend bewahrt hat, ist heute als eine Art Freundschaft unter den Bürgern eines Ortes erhalten geblieben, die den gelegentlichen Besucher nicht wenig erstaunen mag, der das Sprichwort nicht kennt, das jede Gabe motiviert und rechtfertigt: *in su bucconi pretziu s'angelu si dui sezzit*, Zwischen zweien, die auch nur einen Bissen miteinander teilen, sitzt ein Engel.

Habsucht und Geiz werden tatsächlich als Unglücksbringer gesehen, und dazu als schlechte Erziehung zur Gemeinschaft. Eng verbunden mit der Esskultur ist auch die Dimension der Feste und der Gastfreundschaft, die sich häufig tatsächlich in den verschiedenen Phasen der Beschaffung, Zubereitung und dem Teilen des Essens zeigt. Der Besucher, der, besonders in der Barbagia, bei einer Familie zu Gast ist, wird in ein Paralleluniversum katapultiert, das die doppelte Funktion hat, ihn als verlorenen Bruder willkommen zu heißen und gleichzeitig seine substantielle Fremdheit in der Umgebung zu unterstreichen. Man wird ihn für keines der Lebensmittel bezahlen lassen, die er isst, und ihm wird das Bestmögliche vorgesetzt werden, bis zu dem Moment, in dem er aufbricht, beladen mit Geschenken und womöglich überzeugt, dass der Lebensstandard in Sardinien jeden Tag so sei wie der, den seine Gastgeber ihm geboten haben. Natürlich stehen die Dinge nicht so, doch auch da, wo diese Art des Empfangs weniger ausgeprägt ist, bleibt die Gewohnheit, Essen zu teilen, die wichtigste Form des Zusammenseins.

Im Campidano drückt sich diese Haltung im sogenannten ›spuntino‹ aus, der – obwohl das Wort eigentlich ›kleine Zwischenmahlzeit‹ bedeutet – aus einem rustikalen Riesengelage mit mindestens zehn Gästen besteht, üblicherweise im Landhaus oder dem Souterrain der Stadthäuser eingenommen. Mit den ›spuntini‹ werden Beförderungen und Verlobungen gefeiert und die einträglichsten Geschäfte abgeschlossen, begossen mit einer ausreichend großen Menge Wein.

Weinkonsum bedeutet in Sardinien keinerlei soziales Stigma, im Gegenteil, es wird als ein Zeichen von Reife gesehen, ihn zu genießen und vor allem gut zu vertragen. Mit Geringschätzung gestraft wird nur, wer beweist, die eigenen Grenzen beim Trinken nicht zu kennen. Diese Abneigung, die sich nicht so sehr gegen den Wein als vielmehr gegen den Verlust der Selbstkontrolle richtet, schien auch Lawrence offensichtlich, als er in einem Gasthaus des Dorfes Sorgono rastete und dort beobachten konnte, welche Behandlung man denjenigen zuteilwerden ließ, die es übertrieben hatten:

> Mich überraschte die so duldsame wie tiefe Verachtung, mit der diese drei Männer im Eßzimmer von den anderen in der *stanza* sprachen. Wie bitter verächtlich stellte sich der Fahrer gegen den Alkohol. Es war klar, er haßte ihn. Wir hatten zwar alle unsere Flaschen mit eiskaltem Rotwein, und wir tranken auch alle, aber das Gefühl der drei jungen Männer gegen die Trunkenheit war tief und feindlich und hatte etwas moralisch Abwertendes, das man eher im Norden als in Italien findet. Es war wirklicher Widerwille, der ihre Lippen wegen des Hausierers verzog, wegen seiner Frechheit und aufdringlichen Unverschämtheit.

Diese kuriose Verschiebung, die zu der unterschiedlichen Toleranz von Alkohol und seinen Auswirkungen führt, ist nicht ganz folgenlos: Zwar zeigt die Statistik, dass der Prozentsatz der Sarden, die täglich Alkohol konsumieren – etwa 26 Prozent –, einer der niedrigsten in Italien ist, doch die Verteilung ist dabei nicht in allen Gegenden der

Insel gleich. Einige registrieren einen wesentlich höheren Konsum, als es der Zahl der Einwohner angemessen wäre, und nicht umsonst initiiert die Region Sardinien oft massive Kampagnen gegen den Alkohol, um wenigstens teilweise die Missbrauchskultur einzudämmen. Dieses Vorhaben ist nicht leicht zu verwirklichen in einer Umgebung, wo das Aufsuchen einer Bar bis heute bedeutet, am sozialen Leben teilzunehmen.

Man kann sich also ruhig auf die Suche nach den Geschmäckern der Insel begeben, doch man sollte dabei nicht aus den Augen verlieren, dass Essen für die Sarden vor allem Willkommensgruß und gemeinschaftliches Erlebnis ist, und erst an zweiter Stelle, möglicherweise, *business*. Dennoch ist der Agrarlebensmittelsektor das Aushängeschild der sardischen Wirtschaft. Darum sind im Folgenden nur Lebensmittel vorgeschlagen, die in Sardinien wirklich jeden Tag gegessen werden, und nicht jene, die sich allein in den Restaurants für Touristen finden.

Käse, das sardische Gold

Wenn man ein Stück gereiften Pecorino kostet und langsam spürt, wie sich der intensive Beigeschmack von aromatischen Hölzern, fetter Milch und den wilden Kräutern der Weiden im Mund ausbreitet, versteht man sofort, warum alle Welt verrückt ist nach diesem Käse, der mit Abstand der am meisten exportierte mit geschützter italienischer Herkunftsbezeichnung (DOP) ist. Das liegt an einer sardischen Schafsrasse, die noch heute einen der wichtigsten Wirtschaftsfaktoren der Insel darstellt und überdies eine der berühmtesten in ganz Italien ist. Kein Wunder also, dass vier der fünf sardischen DOP-Hersteller ebenfalls in die Schafzucht involviert sind: Sie verarbeiten die Milch (Pecorino Sardo, Pecorino Romano und Fiore Sardo) und das Fleisch der lokal wildlebend gezüchteten Lämmer. Um eine Vorstellung von den Mengen zu bekommen, genügt es, sich vor Augen zu führen, dass aktuell in Sardinien mehr als fünf Millionen Tiere weiden, mehr als in ganz Spanien, aus deren Milch jährlich etwa 1.200.000 Zentner Käse im Wert von 315 Millionen Euro produziert werden. Das ist ein Viertel des Gewinns der gesamten Agrar- und Nahrungsmittelindustrie Sardiniens, und er wächst ständig weiter.

Darum überrascht es nicht, dass die Schafe in allen Teilen das bestimmende Element der sardischen Landschaft sind und dass es auch in den einfachsten Haushalten niemals an dem Käse mangelt, dessen Güte zu einem großen Teil vom Futter abhängt: wildwachsende Pflanzen und Kräuter, die die Tiere selbst bei ihrem Weg über die Weiden wählen.

Die Hälfte der Gesamtkäseproduktion besteht aus dem Pecorino Romano DOP, ein seltsames Beispiel dafür, wie ein Produkt, das nach einem bestimmten Ort benannt ist, dann hauptsächlich anderswo hergestellt wird. Erstaunlicherweise befinden sich neunzig Prozent der Käsereien, die ihn herstellen, nicht im Latium, sondern auf Sardinien. Abgesehen von der Bezeichnung, die sich durchgesetzt hat, füllte der nach diesen Vorgaben hergestellte Käse aus Sardinien schon im 18. Jahrhundert die Laderäume der Schiffe. Er kam in ganz Italien auf den Tisch und fand manchmal sogar Eingang in die typischen lokalen Gerichte; ein Beispiel dafür ist das traditionelle Genueser Pesto, das mit sardischem Pecorino gemacht wird.

Auch den Amerikanern bereitet dieser Widerspruch zwischen Herkunftsnamen und Herkunftsort keine Schwierigkeiten beim Einkauf: Der Markt der Vereinigten Staaten liebt den sardischen Pecorino, und er importiert beinahe 400.000 Zentner davon pro Jahr. Von zehn Käselaiben, die in Sardinien produziert werden, treten sechs die Reise in die Vereinigten Staaten an. Dabei verschafft ihm der – im Vergleich zum Grana Padano, Parmesan und Gorgonzola – niedrige Preis einen klaren Vorteil. Der Grund dafür ist nicht etwa die Qualität des Käses, sondern vielmehr die Tatsache, dass die amerikanische Regierung seit Jahren eine höhere Steuer auf importierte Kuhmilchkäse erhebt, aus einem politischen Protektionismus heraus, der versucht, den Import von Produkten niedrig zu halten, die den örtlichen Rinderzüchtern schaden könnten. Doch da es in den USA so gut wie keine Schafzucht gibt, kommen die Schafsmilchprodukte nicht unter das steuerliche Henkersbeil und können den amerikanischen Käufern zu durchaus konkurrenzfähigen Preisen angeboten werden, während sich auch die Märkte in Japan und Nordeuropa öffnen.

Trotz dieser vorteilhaften wirtschaftlichen Situation ist die ökonomische Struktur der Landwirtschaft Sardiniens in einer schweren Krise. Durch eine tiefverwurzelte kulturbedingte Abneigung gegen Kooperativen und Genossenschaften ist die sardische Viehzucht noch immer sehr archaisch und kleinteilig organisiert. Die Betriebe, die häufig von Familien geführt werden, sind dazu gezwungen, sich stark zu verschulden, weil sie nicht über ein autonomes Vertriebssystem verfügen. Sie müssen als Einzelne die Preise der Produktion verhandeln, können keinen angemessenen Preis für die Milch erzielen und müssen diese zu Spottpreisen an die Käsereien abgeben. Diese Situation hat Tausende der kleinen Schafzüchter vor den Banken in die Knie gezwungen, nachdem zusätzlich Rückzahlungen der Regionalförderung fällig wurden, die ursprünglich ihre schwierige Situation erleichtern sollte.

Die bukolischen Legenden, die das Leben des Schäfers voller unschuldiger Freuden und friedlicher Naturerlebnisse zeichnen, sind eben nur dies: Legenden. Das Schicksal der sardischen Schäfer in seiner ganzen Dramatik hat durch den Hungerstreik einiger Betroffener nationales Aufsehen erregt, doch wer darin ein rein ökonomisches Problem sieht, der irrt. Es ist der Todeskampf der Alten Welt, die sich mit den Regeln der Neuen Welt konfrontiert sieht, der die Rhythmen, die das Leben der Schäfer über Generationen hinweg bestimmt haben, vollkommen fremd sind. Der Schriftsteller Gavino Ledda, von Geburt Schäfer und Intellektueller aus Leidenschaft, schreibt darüber in seinem autobiographischen Roman *Mein Vater, mein Herr*:

> In Wirklichkeit geht es in meiner Geschichte schon um die Schwierigkeiten bei der Arbeit, die Gegensätze der Menschen untereinander, den Kampf gegen die Widrigkeiten der Natur, und um die Gefahren, die es birgt, jahrhundertealte Wege zu verlassen. Ich habe *Mein Vater, mein Herr* in einer ganz bestimmten Hoffnung geschrieben: In dem Versuch, die Kultur der Schafe, des Weizens, des Olivenbaums und der Korkeiche zu erhalten. Doch jetzt muss ich leider feststellen, dass diese Kultur am Aussterben ist, ebenso wie mein Vater, der mich vor wenigen Monaten verlassen hat. [...] Es war ein Zeitalter der menschlichen Kultur, eine *facies*, das ich im homerischen Sinne gelebt habe: Bis zu meinen eigenen Erfahrungen hatte sich in der Schafzucht über Jahrtausende hinweg nichts verändert. [...] Heute muss ich jedoch alarmiert feststellen, dass ein Gleichgewicht zerstört worden, dass etwas unwiederbringlich verloren gegangen ist, und eine ganze Welt kurz vor ihrer Auslöschung steht.

Dazu gesellt sich ein weiteres Problem: die obsessiven Hygienebestimmungen der europäischen Union für die Produktion von Rohmilchkäse. Durch die Pasteurisierung wird das Aroma der Weidekräuter zerstört, das das Geheimnis der Milch ausmacht. Bis jetzt stellt man den sardischen Pecorino noch vollständig aus Rohmilch her, doch die Verwandlung der Schafsmilch in Käse hat ihren handgemachten Charakter verloren. Heute geht sie in modernen privaten Käsereien vonstatten, die Tausenden von Menschen Arbeit geben und praktisch neunzig Prozent der auf der Insel produzierten Schafsmilch verarbeiten. Nur der Fiore Sardo und einige andere Käse ohne geschützte Herkunftsbezeichnung, die in kleineren Mengen vertrieben werden, können noch per Hand hergestellt werden, nach der althergebrachten Methode, die Gavino Ledda beschreibt:

Eines Morgens war Vater wie gewohnt bei der Käsezubereitung und hatte den Kessel zwischen den Beinen. Ganz konzentriert beklopfte er den Quark. Er formte Laibchen daraus, ließ sie kreiseln, fing sie mit zusammengefügten Händen wieder auf, bearbeitete sie sorgfältig und legte sie dann in ein Sieb, wo sie abtropften. Ich half ihm dabei. Am heikelsten war der Augenblick, wenn er die Quarklaibchen ins Käsewasser legen musste. Es war der letzte Arbeitsgang. Er ließ die von seinen Händen und mit besonderen Steinen schon gut ausgepressten Laibchen in das noch kochende Käsewasser fallen.

Um einen auf diese Weise hergestellten Käse zu essen, muss man nach Osilo fahren, eine Provinz in der Region Sassari, nicht weit von dem Ort entfernt, an dem Gavino Ledda als Hirtenjunge aufwuchs. In diesem Bergdorf, sechs Kilometer vom Meer entfernt, mit Ausblick auf die Küste Korsikas und die Berge des Limbara-Gebirges, gibt es einen vorzüglichen Pecorino, der in kleiner Menge von nicht mehr als hundert örtlichen Schäfern produziert wird und den es sich wirklich zu kosten lohnt. Es ist ein Käse mit anderen sinnlichen Qualitäten als die verschiedenen Pecorino DOP, aber so schmackhaft und besonders, dass er eine Slowfood-Auszeichnung bekommen hat. Seine Konsistenz ist weicher und fettiger, und er ist strohgelb – ein Pecorino, der vom Aussterben bedroht ist, weil er keinen Markt hat, der groß genug wäre, um ein Aufrechterhalten der Produktion zu rechtfertigen.

Wenn man bei einer Familie oder zu einem ›spuntino‹ zu Gast ist, kann es auch passieren, dass ein Laib sogenannter *formaggio marcio*, ›verdorbener Käse‹, hervorgeholt wird, ein Leckerbissen, für dessen Genuss man einen robusten Magen braucht und der jeden Hygieneinspektor der Europäischen Gemeinschaft schockieren würde. Zum Glück handelt es sich jedoch nicht um ein Lebensmittel, das für den Markt bestimmt ist. Es ist ein Käse, der während des Reifungsprozesses von Larven eines besonderen Typs der Käsefliege befallen wird, der *Piophila Casei*. Die Entwicklung der Larven unter der geschlossenen Rinde verwandelt die Käsemasse in eine feste Creme von sehr würzigem und intensivem Geschmack, die viele Sarden mit Vorliebe essen, obwohl sich die Würmer noch darin befinden. Die versiertesten Hersteller sorgen absichtlich für bestimmte Bedingungen, damit eine gewisse Anzahl von Pecorinolaiben davon befallen wird, um Freunden und Bekannten damit eine Freude zu machen.

Wenn man also ein Stück sardischen Käse in den Mund steckt, hat man eine Vielzahl verschiedener Geschmäcker zu erwarten.

Der Rote Ochse ist dem wahnsinnigen Rind zu Dank verpflichtet

Da Sardinien in der kollektiven Vorstellung im Allgemeinen sofort mit der Schafzucht in Verbindung gebracht wird, wissen nicht viele, dass es neben den Schafen bis 1950 auch eine bedeutende Menge an Rindern gab, die besonders im Nordwesten Sardiniens und im Montiferru verbreitet waren. Die Tiere wurden gezüchtet, um sie im Ochsenjoch für die Feldarbeit einzusetzen. Um die Eigenschaften zu verstärken, die am besten für diese Arbeit geeignet waren, wurde die traditionelle sardische Rasse Ende des 19. Jahrhunderts mit der kräftigeren Modicana-Rasse aus Sizilien gekreuzt. Das Ergebnis war eine Rasse, die heute als Sardo-Modicana-Rasse oder, geläufiger, als *bue rosso*, als Rotes Rind, bezeichnet wird, aufgrund seines wunderschön kupferfarben leuchtenden Fells, das üppig ist wie das einer Perserkatze. Mit der Mechanisierung der Landarbeit verlor das Rote Rind seine Bedeutung als Arbeitstier und seine Zahl nahm unweigerlich ab: Im Zeitraum weniger Jahrzehnte dezimierte sie sich von 30.000 auf 3000 Tiere, die allesamt im Montiferru gezüchtet werden, und ihre wild bewachsene Weide ist von der Küstenstraße, die von Santa Caterina di Pittinurri nach Cuglieri führt, gut einsehbar. Inmitten der unzugänglichen, wilden

Landschaft grasen diese Tiere friedlich zwischen Basaltfelsen und Trockenmauern in der niedrigen, duftenden Macchia, in der die Gegenwart des Menschen kaum Spuren hinterlassen hat. Sie haben die Weiden vollkommen für sich, und man könnte sich fragen, warum, wo sie doch von niemandem mehr für die Feldarbeit benutzt werden. Es gibt dafür zwei Gründe: ihr schmackhaftes Fleisch und der einzigartige Käse *su casizolu*, der aus ihrer Milch gewonnen wird. Die Sardo-Modicana-Rasse zeichnet sich durch den Geschmack ihres Fleisches und ihre vollkommen natürlichen Zuchtbedingungen aus, ein Faktor, der nach der Ausbreitung des Rinderwahnsinns paradoxerweise zu deutlich höherem Absatz führte und dem Roten Rind die Binnenmärkte erschloss, die bis dahin keinerlei Interesse an diesem beinahe ausgestorbenen Tier gehabt hatten. Inzwischen steht das Fleisch des Sardo-Modicana-Rinds auf den Karten der besten sardischen Restaurants: entweder als *ghisadu*, ein aromatisches Ragout aus dem Fleisch des Roten Rindes, oder *sa pezza imbinada*, ein Braten aus Fleisch, das über Nacht in guten Rotwein eingelegt wird. Letzterer ist perfekt mit einem Nachtisch aus *casizolu*, dem Käse, der aus der Milch der Kühe derselben Rasse hergestellt wird, zu kombinieren.

Der angenehm würzige Geschmack des *casizolu* ist ein Genuss, der den wenigen Glücklichen vorenthalten bleibt, die diesen großartigen Hartkäse zu kosten bekommen, den die Frauen des Montiferru per Hand herstellen und während seiner kurzen Reifungsphase wie ein Neugeborenes hüten.

Bottarga, das Geheimnis der Meeräsche

Nicht nur einfache Zutaten werden in der sardischen Küche verwendet, und als Beweis dafür kann gelten, dass das beliebteste Gericht an der ganzen Küste von Cagliari bis Olbia Spaghetti mit Fischrogen sind – auch wenn es wegen seines alles andere als volkstümlichen Preises meist besonderen Gelegenheiten vorbehalten ist.

Das Rezept der Bottarga ist wahrscheinlich phönizischen Ursprungs, während sich der Name vom arabischen *bot-ha-rik*, ›rohes Fischei‹, ableitet. Für diese doppelte Herkunft spricht auch, dass Bottarga im gesamten Mittelmeerraum hergestellt wird, von Tunesien bis Marokko. Natürlich beansprucht jeder Ort seine Entdeckung für sich, ohne einen anderen Beweis dafür zu haben als die Aussage, man habe es schon seit Urzeiten so gemacht, seit es Salz und Fisch gibt. Mit dem Terminus ›Bottarga‹ bezeichnet man tatsächlich das Resultat der Salzung und der Trocknung von Fischeiern generell. Obwohl die nötigen Voraussetzungen also nicht gegeben sind, um es als ausschließlich sardisches Produkt zu bezeichnen, hat die Bottarga-Herstellung in Sardinien besondere Züge aufzuweisen im Vergleich zu den anderen Produktionsstätten, angefangen beim verwendeten Rohstoff.

Wenn man die Fischer von Carloforte außer Acht lässt, die Bottarga beinahe ausschließlich aus Thunfisch und Schwertfisch herstellen, ist die erste Lieferantin für Fischeier im Rest Sardiniens die Meeräsche, die im Meer und in den Teichen entlang der Küste lebt. Die wechselhafte Geschichte der Bottarga-Herstellung verkörpert eine der am wenigsten zu leugnenden historischen sardischen Eigenschaften: die Weigerung, als Einheit zu handeln, ganz gleich, was auf dem Spiel steht. Obwohl der Bottarga aus Cabras jahrelang auf der ganzen Insel ein herausragender Status eingeräumt wurde, ist es den Fischern des gleichnamigen Teiches nie gelungen, sie sich als DOP zertifizieren zu lassen und eine einheitliche Produktionsweise anzuwenden. Die Meeräschen im Teich von Cabras leben in einem unvergleichlichen Ökosystem, das ihnen spezielle Nahrung bietet, die erheblichen Einfluss auf die Qualität ihres Fleisches hat.

Angesichts der vereinfachten Speditionswege ist der neue Trend des Bottarga-Marktes der Handel mit vakuumverpackten Dosen per Internet. Das Produkt ist eines der fünf meistgekauften Lebensmittel der Italiener im World Wide Web. Heute kommen die Eier der Meeräsche größtenteils roh und eingefroren an und werden dann nach traditionellem Rezept behandelt und mit Meersalz gepökelt, worauf eine Trocknung im Ofen bei sehr niedriger Temperatur folgt. Die Herkunft der Bottarga zu erkennen, ist heutzutage eine wahre Kunst, die echten Kennern vorbehalten ist, weil die Variablen zu viele sind – von der Farbe über den Nachgeschmack, der mehr oder weniger bitter sein kann, bis hin zur Gesamtkonsistenz der Masse.

Eine vorzügliche am Ort hergestellte Bottarga gibt es in Tortolí an der Ostküste der Ogliastra, in der Provinz Lanusei. In den letzten Jahren hat die Kooperative der örtlichen Fischer ein Zentrum für Fischtourismus eröffnet, einen Ort, an dem den Besuchern die gesamte Entwicklungskette des Fisches von der Fütterung der Kleinen bis zur Entwicklung der Eier gezeigt wird. Auf diese Weise stehen die überlieferten Methoden Schulter an Schulter mit Kommunikation und kommerziellem Erfolg, in der Hoffnung, aus der Bottarga von Tortolí eine der besten Sardiniens zu machen.

Brot und Öl

In Sardinien ist nichts weniger typisch als das Brot und das Öl, denn in ganz Italien findet man welches von vorzüglicher Qualität. Und doch gibt es nichts Identitätsstiftenderes als die Beziehung, die die Insel an diese beiden Lebensmittel bindet. Was immer man isst, Brot und Öl können den Unterschied machen zwischen einem richtig guten und irgendeinem Essen.

In der Kultur der Insel ist das Brot praktisch eine eigenständige Mahlzeit und ein Grundelement verschiedener traditioneller Gerichte. Man schreibt ihm eine so große Bedeutung zu, dass es in den verschiedenen Gegenden

Sardiniens mehr verschiedene Brotsorten gibt als im Rest Italiens. Die Phantasie eines Volkes, das jahrhundertelang nichts anderes zu essen hatte als eben Brot, ist darauf verfallen, ihm die eigenartigsten Formen zu geben, von Tieren und Dingen, die man vermisste – in Ermangelung eines anderen Materials verwoben sie darin ihre Träume. In einem Vers der Hymne *Su patriottu sardu a sos feudatarios* von 1794 wird die Ernährung eines Vasallen geschildert, die allein aus Brot bestand, und dagegen die des Barons, dem es natürlich an nichts fehlte, ebenso wenig wie seinem Hund:

Cun su zappu e cun s'aradu penat totta sa die.
A ora de mesu die si zibat del solu pane.
Mezzus paschidu est su cane
de su barone in zittade,
s'est de cudda calidade
*chi in falda solent portare.**

Die Natur des Brotes als wertvolles und manchmal einziges Lebensmittel, von dem das nackte Überleben abhing, lud in der Vergangenheit auch das einfache Zubereiten von Brot mit symbolischer Bedeutung auf. Noch immer ist im Campidano die Überzeugung verbreitet, dass im Haus zubereitetes Brot niemals mit dem Messer geschnitten werden dürfe, sondern nur mit der Hand gebrochen, weil man glaubt, das Zerschneiden mit der Klinge raube demjenigen Kraft, der es geknetet hat. Diese sakrale Vorstellung muss es auch gewesen sein, die dem Brot einen rituellen Wert verlieh; Spuren davon finden sich in den Bronzestatuetten der Nuragher, die Gläubige beim Darbieten zeremonieller Brote zeigen. Diese Brote sind mit Motiven dekoriert, eingeprägt mittels spezieller Werkzeu-

---

* *Mit Hacke und Pflug schindet er sich den ganzen Tag. / Mittags nährt er sich nur von Brot./Besser ernährt wird der Hund / des Barons in der Stadt,/besonders wenn er von der Sorte ist, / die sie pflegen in der Tasche zu tragen.*

ge, den *pintaderas*. Die *pintadera* ist eine flache Scheibe aus Terrakotta, die als eine Art Stempel benutzt wurde, um in den rohen Teig eine kreisförmige, bis heute unentschlüsselte Darstellung hineinzudrücken. Neuerdings vermutet man darin eine Art Rad der Zeit, einen magischen Kalender, der in jeder Einzelheit dem der Kelten ähnelt. Dies wäre nicht die erste Analogie der nuraghischen Zivilisation mit der keltischen. Nachdem die Herstellung des Brotes inzwischen industrialisiert ist, wurde die *pintadera* zum Element der lokalen Handwerkskunst. Das Motiv wird in der Schmuckherstellung verwendet und massenhaft auf Stoffe und Holzarbeiten gedruckt. Viele Klubs, kulturelle Vereinigungen und kommerzielle Anbieter haben es sich zum Symbol gemacht und schreiben ihm einen starken Wiedererkennungseffekt zu – sogar die Bank von Sardinien verwendet das Kreiszeichen in ihrem Logo.

Heute sind die einzigen Brote, die auf Sardinien noch für rituelle Zwecke verwendet werden, die Hochzeitsbrote. Das sogenannte *pane degli sposi*, das ›Brot der Brautleute‹, verziert wie eine wertvolle Krone – mit winzigen Blumen, Früchten und Vögeln, die kunstvoll in den Teig geritzt sind – wird nicht gegessen, denn es hat einzig und allein die Funktion, dem Paar Glück zu bringen und die Fruchtbarkeit zu fördern. Trotz der Vereinheitlichung durch die industrielle Brotherstellung und das beinahe vollständige Verschwinden der einheimischen Hefen, die den Geschmack des Teigs maßgeblich bestimmten, gibt es noch immer viele Orte in Sardinien, wo das Brot weiterhin zu Hause gebacken wird, ohne Hilfsmittel und nach der traditionellen Methode.

Jede der historischen Regionen Sardiniens hat ihren eigenen Brottyp, auf der Basis der Erfordernisse des täglichen Lebens, dazu Brote für besondere Festtage, vor allem Ostern und die bereits erwähnten Hochzeiten. In der Barbagia, in der Ogliastra und in großen Teilen der Gallura dominieren die trockenen und mürben Brote mit wenig Feuchtigkeit, wie das *Pane carasau*, *su pistoccu* und die *spianata*, die sich lange halten mussten für die Weidegänge der Hirten, ohne hart zu werden oder zu schimmeln. Im Campidano, von Oristano bis Cagliari, sind es die glänzenden *coccois* mit ihren knusprigen Rändern und die Laibe der *civraxiu*, ein großes rundes Brot aus Hartweizen mit einer dunklen, mehligen Kruste und einer wunderbar weichen Krume. Zwischen diesen beiden Extremen wird eine enorme Vielfalt von Broten hergestellt, einfach oder mit Gewürzen, in bizarren Formen und mit Namen, die von Dorf zu Dorf variieren.

Um die Geheimnisse der Brotherstellung zu entschlüsseln, muss man nach Villaurbana gehen, ein Dorf im Alto Campidano, das sich die in Sardinien einzigartige Ehre erworben hat, in den nationalen Zirkel der *Città del Pane* aufgenommen zu werden, ein Verein, der die Verbreitung der traditionellen regionalen Brotarten fördert. Im Dorf gibt es verschiedene Steinmühlen, die einen ausgesprochen schmackhaften Grieß produzieren, der in ganz Sardinien verkauft wird. Daraus werden die besten Brote gemacht, ebenso wie die *fregola*, die rustikale handgemachte Minestra, die nach einer Phase des beinahe vollständigen Vergessens jetzt wieder in Mode kommt. Der Stolz auf das Brot hängt damit zusammen, dass ihm über Generationen hinweg so viel Aufmerksamkeit geschenkt wurde, bis ein kleines Kunstwerk aus dem Lebensmittel entstand. Dies beobachtet nicht zuletzt Lawrence auf seiner Reise:

> ›Wo haben Sie denn das weiße Brot her?‹, frage ich die Schwarzmütze, weil sie so stolz darauf ist. ›Von zu Hause.‹ Er erkundigt sich nach dem Brot auf Sizilien. Ist es weißer als diese Brocken aus Mandas? Doch, ein bisschen weißer schon. Da müssen sie wieder brüten. Es ist ein empfindlicher Punkt, dieses Brot. Brot bedeutet für den Italiener viel: es ist wirklich sein Lebenselixier. Praktisch lebt er nur von Brot. Aber statt nach dem Geschmack zu gehen, lässt er sich nun wie alle Welt von den Augen leiten. Er hat sich in den Kopf gesetzt, Brot müsse weiß sein, und jeder dunkle Schatten in seinem Brot wirft einen Schatten auf seine Seele. Ganz unrecht hat er damit nicht.

In Wirklichkeit hat das Brot auf Sardinien viele Farben, beinahe alle kräftig und zum Strohgelb tendierend, denn das dafür benutzte Mehl ist aus Hartweizen und daher kräftiger im Geschmack und fester; es lässt die Kruste dunkel, dick und knusprig werden. Eine Scheibe *crivaxiu* und ein bisschen Öl genügen, um in ein Reich vergessener oder nie gekannter Düfte einzutauchen. Das sardische Öl hat einen robusten Geschmack, mit Noten von Artischocke und etwas Schärfe, es ist von einem leuchtenden Grün und nur wenig Säure, weil die Oliven gewöhnlich zum Pressen gepflückt werden, wenn sie zur Hälfte gereift sind. Eines der besten Öle Sardiniens ist das aus Seneghe, einem Städtchen im Montiferru, das sich des Titels *Città del Olio*, ›Stadt des Öls‹, rühmen kann. In der Zeit von November bis Januar ist auf dem Land und in den Hügeln, die die Stadt umgeben, ein kurioses Element zu sehen, das die Hauptaktivität der lokalen Olivenbauern verrät: Es handelt sich um große bunte Netze, die wie Servietten unter die Olivenäume gelegt werden, um die herabfallenden Steinfrüchte zu sammeln. In allen anderen Regionen Sardiniens werden sie am Ende jedes Arbeitstages wieder eingesammelt, um zu vermeiden, dass jemand sie stiehlt. Nur im Montiferru bleiben sie tagelang liegen, im schweigenden Einverständnis, dass niemand sie anfasst.

War die Rückständigkeit dieser Produktionsweise zunächst ein Nachteil, erweist sich die Beibehaltung der traditionellen Methoden bei der Ölproduktion nun als Gewinn: Ihnen ist es zu verdanken, dass das Öl aus Seneghe, das heute noch genauso auf den Tisch kommt wie vor hundert Jahren, nicht nur mit der Zeit Schritt halten kann, sondern sogar eines der modernsten ist, in perfektem Einklang mit den Erfordernissen der Diätetik, die vor allem biologisch erzeugte und unverfälschte Produkte verlangt.

Provinz Oristano, historische Region: Barigadu, Gemeinden Boroneddu und Ghilarza.

Provinz Medio Campidano, historische Region: Medio Campidano, Gemeinde Villacidro.

Provinz Ogliastra, historische Region: Ogliastra, Gemeinde Ulassai.

Provinz Cagliari, historische Region: Campidano di Cagliari, Gemeinde Quartu Sant'Elena.

Provinz Sassari, historische Region: Goceano, Gemeinde Benetutti.

Provinz Medio Campidano, historische Region: Medio Campidano, Gemeinde Sardara.

Provinz Oristano, historische Region: Barigadu, Gemeinde Fordongianus.

9. Wasser

Es lohnt sich, den Göttern zu drohen

»Maimone Maimone
Abba cheret su laore
Abba cheret su siccau
*Maimone laudau«**
(Altes Sardisches Gebet zu Dionysos)

Die Sache mit dem Wasser ist eine persönliche Angelegenheit zwischen den Sarden und Gott. Kein Pakt mit einem klar definierten Gott, auch nicht mit irgendeinem, sondern mit demjenigen, der gerade als zuständig angesehen wird, der *pro tempore* die Macht über die Geschehnisse im Himmel und auf Erden innehat. Das Wasser ist auf Sardinien ein kollektives Drama, ein Gut, das schon immer hart umkämpft war, und ewiges Motiv der Spannungen zwischen einem Kind und dem geizigen Elternteil, dem *padre padrone*, der gibt, wann und nur wenn er will.

In der Vergangenheit führte man diese Streitrede mit Dionysos, der unter dem Namen Maimon auf verschiedenste Weise angerufen wurde, damit er dafür sorgte, dass die Felder Wasser bekämen und fruchtbar würden, mit Hilfe einer Gabe (oder eines Menschen), die geopfert wurden. Auch die Mutter Gottes, die unter anderem in den vielen Brunnenheiligtümern auf der ganzen Insel verehrt wird, hatte ihre Verantwortlichkeiten bei der Wasserzuteilung der Insel, und es gibt zahlreiche Zeugnisse, die auf einen Fruchtbarkeitskult hinweisen, der mit dem Wasser verbunden war.

Wenn sich die Gottheit widerspenstig zeigte bei der Verteilung des wertvollen Guts, zögerte man nicht, ihr zu

---

* *Maimon Maimon / Das Land braucht Wasser / Der trockene Boden schreit nach Wasser / Gelobt seiest du, Maimon*

drohen, bis sie die Bedürfnisse erfüllte. Diese Drohungen betrafen auch die christlichen Götter, denn der Brauch existierte noch bis vor etwa fünfzehn Jahren im Binnenland der Insel; die Verwünschungen wurden im Verlauf eines Rituals ausgestoßen, das so makaber wie faszinierend war. Dabei wurde ein Kreuz in einem Brunnen versenkt und so lange unten gelassen, bis das ersehnte Wasser gekommen war.

Die unglaubliche Formel, die in Orgosolo rezitiert wurde, lautete folgendermaßen:

Wenn du uns heute kein Wasser gibst
Wirst du sehen, dass wir dich töten
Es ist Wasser, was wir verlangen
Kein Ochsenfleisch
Mach, dass die Rinnsale von Logoe
Zu breit werden zum Darüberspringen.

In Orgosolo ist diese Drohung an die Götter auf einem der schönsten Wandgemälde entlang der Hauptstraße zu sehen, das den wahnsinnigen Durst einer Erde zeigt, auf der jeder Tropfen zählt, und die Vertraulichkeit im Umgang mit den Göttern, wo die Götter selbst an ihre Pflicht erinnert werden, die Menschen, die in ihre Obhut gegeben wurden, zu beschützen und zu behüten. Doch das Problem der Insel ist in Wirklichkeit nicht nur die Trockenheit.

Seit Jahren schon warnen die Klimatologen vor einem wachsenden Risiko der Verwüstung, die mehr als fünfzig Prozent des sardischen Bodens betrifft, besonders die Küsten. Am meisten betroffen sind die Westküsten, dort ist der Austrocknungsprozess bereits im Gange. Der kleine hübsche See von Baratz, der einzig natürliche in ganz Sardinien, hat in den letzten Jahrzehnten ein stetig fortschreitendes Sinken seines Pegelstandes zu verzeichnen, was die beunruhigenden Prognosen bestätigt: Auf der Insel ist das Wasser knapp, und wahrscheinlich wird es in Zukunft noch knapper sein.

Der See, den es nicht gab

Zu Beginn des 20. Jahrhunderts wollte man zur Lösung des Wasserproblems nicht länger auf die wechselhaften Stimmungen der Götter setzen, und mit Hilfe von mehr als 16.000 Arbeitern wurde im Barigadu der Staudamm von Santa Chiara errichtet, ein imposantes Bauwerk, das dem Fluss Tirso auf Höhe des Ortes Ula Tirso den Weg versperrt. Bei seiner Fertigstellung 1924 war der Damm einer der imposantesten Bauten, die je in Italien errichtet wurden, und der Lago Omodeo, der See, der sich dadurch bildete, war für lange Zeit das größte künstlich errichtete Becken Europas. Wenn man in Richtung Nuoro den Barigadu durchquert, kann man von der erhöhten Straße aus das unglaubliche Naturschauspiel bewundern, das dieser in nur knapp fünf Jahren errichtete Staudamm in die Landschaft gezaubert hat. Der See, der in einem verlassenen Tal zwischen den niedrigen Bergen der Region liegt, ist mehr als zwanzig Kilometer lang, und kein einziges Bauwerk steht an seinen Ufern, abgesehen von einigen Hotels, die in der letzten Zeit nahe dem Dorf Boroneddu gebaut wurden. Nicht allein die Technologie, mit der der Damm erbaut wurde, um den Lauf des Flusses zu lenken und Wasser für die Landwirtschaft und Energiegewinnung zu bekommen, macht das Becken interessant. Es ist schon faszinierend, den See bei höchstem Füllstand zu sehen, doch wenn der Wasserspiegel sich nach langer Trockenheit absenkt, enthüllt er die Reste eines seltenen und wertvollen Fossilienwaldes und einige Nuraghen, die noch vollständig erhalten sind und die unter Wasser gesetzt wurden, als der See entstand. Ein wahrer Schatz.

In sehr dürren Jahren trocknet der Lago Omodeo im Spätsommer vollständig aus, und es ist möglich, auf seinem Grund herumzulaufen und sich anzuschauen, was von den jahrhundertealten Bäumen übrig ist, die im Miozän durch die Ausbrüche der noch aktiven Vulkane versteinert und dann durch das Wasser des Sees in kuriose und teilweise gruselige Formen geschliffen worden sind. Auf dem Grund des Lago Omodeo wächst, auch in den Phasen der größten Trockenheit, immer eine dichte und üppige Graslandschaft, und es ist nicht selten, dass in den Perioden der größten Trockenheit auch Tiere zum Weiden auf seinen Grund getrieben werden oder dass auf dem fruchtbaren Boden sogar etwas angebaut wird. Dann steigt das Wasser wieder und bedeckt erneut alles, bis zur Drohung an den nächsten Gott. Doch in diesem Tal, das zum See wurde, gab es vorher nicht nur Bäume und Nuraghen. Es gab auch ein kleines Dorf namens Zuri, das geopfert und etwas höher am Berg wieder aufgebaut wurde, als Teil der Gemeinde Ghilarza, und das, bevor es vollständig von den Landkarten gestrichen wurde, in akribischer Arbeit seine Parochialkirche San Pietro gerettet hat. Das Gebäude, ein Juwel der lombardischen Architektur auf dem Territorium von Ghilarza, ist das einzige seiner Art auf Sardinien, wo es viel toskanische Romanik gibt. Die Kirche aus rotem Trachitstein wurde 1291 erbaut und ist ein Werk des Meisters Anselmo da Como. Die Einwohner von Zuri haben sie mit Engelsgeduld Stein für Stein abgebaut und an einem höher gelegenen Ort wieder aufgebaut, gar nicht weit entfernt von ihrem ursprünglichen Standort.

Doch man sollte sich nicht von der Illusion der scheinbaren Natürlichkeit des Sees täuschen lassen, der in jedem Fall kein natürlicher See ist. Die radikalen Veränderungen der geographischen Struktur, das Verschwinden eines riesigen Tals und die Schaffung natürlicher Grenzen zwischen einem Dorf und dem anderen bedeutet für den Barigadu eine Denaturierung seiner eigenen territorialen Identität. Es ist, als ob diese Region ebenfalls auf ewig zum Fossil erstarrt wäre, so wie der Wald auf dem Grund des Lago Omodeo – Teil einer Zwischenwelt, der es nicht möglich ist, präzise territoriale Grenzen zu ziehen, da sie zwischen zwei Regionen liegt, deren Identitäten viel stärker entwickelt sind: im Norden die Barbagia und im Süden der Campidano. Der Anthropologe Benedetto Caltagirone, der 1999 eine Frau im Dorf Ardauli fragte, ob sie ihm den Weg nach *Cabesusu* weisen könne (also in die Barbagia, den ›Kopf von oben‹) erhielt eine interessante Verneinung zur Antwort: »Ich habe von Cabesusu immer als von einem Ort reden gehört, an dem wir nicht sind.«

Auf die eine oder die andere Art hat dieses Wasser seinen Preis gefordert, und die Bewohner Barigadus haben mehr als alle anderen für die Errichtung des Staudamms und die Entstehung des Sees bezahlt, denn sie mussten ihre wenigen fruchtbaren Böden opfern, was ihnen auch ökonomisch eine unvorteilhaftere Situation verschaffte, sowohl gegenüber dem Campidano, das reich ist an fruchtbaren, leicht zu bestellenden Böden, als auch gegenüber der Barbagia, die eine Schäferkultur pflegt, in der die Hirten aus dem Barigadu nicht gleichermaßen versiert sind.

Die Kirche von Zuri bekommt also ein größeres Gewicht als nur ein rein architektonisches – einen symbolischen Wert, ein Zeichen des Willens, für das wertvolle Wasser nicht mit dem Auslöschen aller Erinnerung zu bezahlen.

Wo das Wasser frei ist

Wenn man den Wasserfall sieht, den der Fluss Muru Mannu im Gebiet der Gemeinde Villacidro bildet, würde man nicht denken, dass Sardinien ein Landstrich ist, der verdurstet. Den Wasserfall, der zwischen beeindruckenden feuchten Granitfelsen und einer üppigen Vegetation hinabstürzt, erreicht man über ausgeschilderte Wege, und mit seiner Fallhöhe von siebzig Metern ist er der größte, wenn auch nicht der bekannteste Wasserfall der Insel. Berühmter ist der Wasserfall *Sa Spendula*, der sich im gleichnamigen Ort befindet und seine Bekanntheit nicht nur dem spektakulären Fall schuldet, sondern vor allem der Ode Gabriele D'Annunzios, geschrieben 1882 bei einem Aufenthalt auf der Insel:

Dickicht von Stacheln und Schöllkraut
Felsen ragen vor mir auf
gleich einem Volk seltsamer Athleten
von Zauberhand versteinert
Unten bebt die Myrte im Wind,
wild, die Oleander wogen
grünes Volk der Zwerge; hinab ins Kiesbett
stürzen tosend die Wasser der Spendula
Oben der Himmel, ewig grau. Im Dunst
des Regens verströmen Thymian und Buchsbaum
ihre bitteren Düfte
In der grünen Mulde steht ein Hirte
auf dem Kalkstein wie ein Bronzefaun
und schaut reglos, in ein Fell gewickelt.

Beide Wasserfälle befinden sich in dem Kulturpark, der dem Schriftsteller Giuseppe Dessí gewidmet ist, zusammen mit einem dritten, bei dem der Fluss Linas gewagte sechzig Meter hinabfällt. Villacidro ist der Ort der Wasserfälle, in keiner anderen Gemeinde gibt es so viele in vergleichbarer Größe.

Ein Wasserfall-Jäger ist daran gewöhnt, auf der Suche nach dem unwahrscheinlichen Ziel große Strecken zurückzulegen. Vorteilhaft für diese Art von Trekkingtourismus zu den wenig bekannten sardischen Attraktionen ist die Tatsache, dass die Orte, an denen sich die Wasserfälle bilden, oft nicht weit vom Meer entfernt liegen. Im Laufe eines Tages kann man also sehr unterschiedliche Panoramen und Aktivitäten verbinden. Der Wasserfall, der sich für diese Art von Ausblicken am besten eignet, ist *Le Quarci*. Er ist außergewöhnlich schön im Vergleich zu den anderen Wasserfällen Sardiniens, bei denen das meist vertikal fallende Wasser unten mit großem Getöse aufkommt. *Le Quarci* windet sich über einen beschwerlichen Pfad durch die Macchia Mediterranea aus Ginster, Rosmarin, kleinen Steineichen und weiteren Kräutern zu

Tal, deren Büsche aus den Spalten der Kalkfelsen wachsen. Der Wasserfall taucht auf der linken Seite des großen Amphitheaters aus Kalkstein auf, und, obwohl es dort keinen großen Fall gibt, fließt er doch als breiter Strom in die Tiefe, teilt sich in kleinere Fälle und Güsse auf, durch die die Sonne scheint und besonders in den frühen Nachmittagsstunden spektakuläre Lichtbrechungen zaubert. In den 1950er Jahren wäre der Wasserfall beinahe vollständig verschwunden, weil der Fluss, der ihn nährt, umgeleitet wurde, um das Militärgebiet in Perdasdefogu und seinen Flugplatz zu versorgen. Heute ist er wieder zu seiner ursprünglichen Pracht zurückgekehrt, doch die Einwohner des Ortes Ulassai kämpfen noch immer darum, dass die Verwaltung der Wasserressourcen in ihren Händen bleibt. Der kleine Ort, der autonome Wasservorräte von hervorragender Qualität besitzt, ist eine der Dutzenden sardischer Gemeinden, die sich geweigert haben, der Genossenschaft *Abbanoa* (›neues Wasser‹) beizutreten, die die Verwaltung des Wassers übernehmen will.

Viele Sarden wollen dem Wasser keinen anderen Stellenwert einräumen als den eines freien und öffentlich zugänglichen Guts, sodass auch dem durchreisenden Besucher – besonders in der an Quellen reichen Ogliastra – häufig Aufschriften und Spruchbänder begegnen werden, die nachdrücklich dazu auffordern, die Unterschrift unter die Vereinbarung zur Abtretung oder Nutzung der Wasserressourcen zu verweigern.

Die Angst vor einem Gebrauch zu kommerziellen Zwecken oder einer Ausbeutung wie der zur Versorgung der Militärbasis von Perdasdefogu macht die Gemeinde von Ulussai, ähnlich wie viele andere auf der Insel, sofort misstrauisch, wenn es um das Wasser geht, das seit Urzeiten Objekt einer beinahe animistischen Verehrung war. An einem Ort, wo man den Göttern droht, um Wasser zu bekommen, muss es wirklich eine unmögliche Vorstellung sein, dieses an ein Konsortium abzutreten.

Die Feuchtgebiete

Es gibt Gegenden, in denen das Wasser nicht trinkbar ist und nicht einmal zum Sprengen der Felder dient, aber das bedeutet nicht, dass diese weniger wichtig für die Wirtschaft und den landschaftlichen Reichtum Sardiniens wären. Die Feuchtgebiete Sardiniens sind heute ein international anerkannter Wert, auch weil sie sich auf der Flugroute Dutzender seltener Zugvogelarten auf dem Weg zwischen Europa und Afrika befinden. Diesen Wert wissen die Sarden bislang noch wenig zu schätzen. Es ist nicht allzu lange her, dass diese Gegenden vor allem Infektionsherde für die Malariamücke waren, die das Land zu einer ungesunden Gegend für den Menschen machte. Jetzt, da die Malaria aus den Tümpeln und feuchten Ökosystemen der Insel ausgerottet ist, nehmen die Vorbehalte langsam ab, auch befördert durch einen sanften Tourismus von Vogelfreunden, die in stetig wachsender Zahl die Bewegungen der Zugvögel verfolgen und ihren Lebensraum beobachten. Einige der interessantesten dieser Ökosysteme befinden sich im Sulcis, der vor Leben überbordende Sümpfe aufzuweisen hat, und dabei handelt es sich nicht nur um Vögel. In den Küstenlagunen des Sulcis lebt eine so große Menge verschiedener Spezies, wie man sie sonst nur im tropischen Regenwald findet. Diese Vitalität ist der überraschenden Häufung von Nährstoffen geschuldet, die vom Festland durch die Flüsse oder die Gezeiten des Meeres angespült werden. Der ständig steigende oder sinkende Wasserspiegel, typisch für Sumpfgegenden, sorgt dafür, dass die im Wasser enthaltenen Nährstoffe immer in Bewegung sind und dadurch dauernd verfügbar für die vielen Arten, die dort leben oder durchziehen. In der Vergangenheit trug dies erheblich zum Schutz der Küstenstriche bei, denn ähnlich wie die Salzfelder wurden sie darum ebenfalls den staatlichen Schutzbestimmungen unterstellt. Daher konnte jahrzehntelang niemand Hand daran legen, und die für das Überleben der Feuchtgebiete notwendige Biodiversität konnte erhalten bleiben.

Die Feuchtgebiete im Sulcis haben eine Ausdehnung von insgesamt 3500 Hektar und bieten eine außergewöhnlich vielfältige Landschaft: Tümpel, Sümpfe und Lagunen. Wahrscheinlich war ihr Klima kein ungesundes, denn seit dem Ende des 6. Jahrhunderts vor Christus finden sich dort Spuren menschlichen Lebens. Man fand Reste von Grabmälern wie die *domus de janas*, Siedlungsreste und sogar Kultstätten wie Menhire und Megalithenkreise, die noch heute zu besichtigen sind. Auch während der folgenden langen Phasen der Unbewohntheit haben diese ausgedehnten Flächen nie aufgehört, eine beträchtliche Nahrungsmittelressource für die Bewohner des Binnenlandes zu sein, jedenfalls so lange, bis in den 1960er Jahren die industrielle Produktion mit den Salzfeldern von Cagliari begann.

Die Perle dieses weitläufigen Gebiets ist der See von Molentargius, der mit seinen 500 Hektar Fläche eine natürliche Grenze zu den Gemeinden Cagliari und Quartu bildet. Letzterem gehören zwei Drittel des Sees, doch Elio Vittorini assoziierte ihn mit Cagliari, das mit seiner Umgebung aus Salzfeldern einer ganz individuellen geographischen Dimension angehöre, die in einem unbestimmten Anderswo lag:

> Aber Afrika ist es nicht. Das hier ist noch weit hinter Afrika; in einem noch dahinterliegenden Kontinent, in dem allein sie [Cagliari, Anm.d.Ü.] die Stadt ist. Das Land rundum verliert sich im Nichts, ist zerrissen von Teichen und Salzlagerstätten, die leere, reine Räume zu sein scheinen. Ein Nichts auch das Meer jenseits der Wurfweiten; weiß wie ein totes Meer.

Der italienische Schriftsteller spricht oft von Sümpfen, denn in den 1930er Jahren traf er auf seiner Reise durch Sardinien noch viele davon an. Aus Oristano hinabsteigend, wo sich aktuell sechs der acht Feuchtgebiete von internationalem Interesse befinden, erzählt er enthusiastisch vom Ergebnis der Trockenlegung eines dieser Gebiete, dem von Arborea, wodurch 3000 Hektar nutzbarer Boden entstanden:

> [...] das alte hoffnungsleere Herz der Sarden beginnt, Funken zu sprühen. Also kann die Malaria weichen, das Schlammland Ähren hochtreiben – und dieselben, die geschlossenen Auges in Nachdenken versunken jahrhundertelang in dumpfer Treue zu einer unmenschlichen, widrigen Wirklichkeit gestanden haben, in der nichts verlohnte, die Finger krumm zu machen – siehe da, sie finden Geschmack am Daseinskampf.

Es ist ein Glück für die Freunde des *birdwatching*, dass der See von Molentargius diesem Schicksal entging, sodass er heute einen faszinierenden natürlichen Lebensraum für mehr als 180 Vogelarten bietet, von denen 18 vom Aussterben bedroht sind. Neben den bekannten Bewohnern wie Blesshühnern, Säbelschnäblern, Graureihern, Stelzenläufern, Teichhühnern und gefräßigen Kormoranen kann man auch einige seltenere Exemplare wie Purpurhühner und Rohrweihen entdecken. Die rosa Flamingos, die nicht besonders selten, aber trotzdem faszinierend sind, werden aufgrund ihrer Farbe auf Sardisch *genti arrubia*, ›rote Leute‹, genannt. Bis vor kurzem blieben die Flamingos in Molentargius nur kurze Zeit, auf der Durchreise in die warmen Gegenden Afrikas. In den letzten zehn Jahren haben sie dagegen immer häufiger den See von Cagliari als permanenten Wohnsitz gewählt und an seinen Ufern genistet und gebrütet. Das ist außergewöhnlich, vor allem wenn man bedenkt, dass nur wenige Dutzend Meter vom See entfernt eine der befahrensten Schnellstraßen der Stadt vorbeiführt, was die Flamingos nicht zu stören scheint, nachdem sie gemerkt haben, dass die Schutzzone, die exklusiv für sie eingerichtet wurde, es verbietet, dort auch nur zu halten.

Heißes Wasser und Salzwasser

Die Wiederentdeckung des Thermalquellentourismus fand auf Sardinien ideale Bedingungen vor, denn es gibt drei historische Orte, die für die Heilkraft des dort aufsteigenden heißen Wassers bekannt sind. Alle drei – Benetutti, Fordongianus und Sardara – sind noch dazu interessante archäologische Stätten, da die Kräfte ihres Wassers schon seit der Antike geschätzt wurden. Besonders der Ort Benetutti befindet sich in der Gegend Sardiniens mit der höchsten Dichte an archäologischen Funden, in der historischen Region Goceano, die unglaublich reich ist an Gigantengräbern, den großen Felsengräbern *domus de janas* und Nuraghen. Im Gebiet der Gemeinde findet man, abgesehen von den Thermalbädern, die das schwefelhaltige Wasser nutzen dürfen, welches mit einer Temperatur von 40 Grad Celsius aus dem Erdboden hervorschießt, auch wilde Quellen, in denen man im Freien baden kann. In der Vergangenheit haben die Sarden sich von ihren Thermalquellen vor allem erwartet, dass sie Linderung für besondere Krankheiten bringen mögen. Der Wellness-Aspekt ist eine neue Entdeckung und geht einher mit der Ausweitung des Thermalangebots für Menschen ohne gesundheitliche Probleme.

Die eigentliche Entdeckung der Sarden in jüngster Zeit ist das moderne Konzept von Urlaub, das nicht zur Kultur der Insel gehört. Bis vor wenigen Jahren fuhren die Bewohner nicht ›in den Urlaub‹, jedenfalls nicht als Suche nach einem Anderswo, wo es sich nach einem anderen Rhythmus leben ließ als an den restlichen Tagen des Jahres. Das geruhsame Tempo des Lebens auf der Insel und die ständige Nähe zur Natur haben nie das Verlangen nach einem Happen Freiheit entstehen lassen, bevor man sich wieder in den Arbeitsrhythmus einfügt. Die Öffnungszeiten der meisten Läden halten noch immer die Siesta-Pause ein und öffnen am Nachmittag selten vor 17 Uhr. An Feiertagen bleiben die Läden vieler sardischer

Betreiber generell geschlossen, und der *ferragosto* (Feiertag am 15. August), Silvester und Ostern werden als unveräußerliches Naturrecht angesehen. Eine Tatsache, die stets für Irritationen bei den Urlaubern sorgt, die geöffnete Geschäfte erwarten, wenn schon nicht durchgängig, so doch wenigstens zu den allgemein üblichen Öffnungszeiten.

Das Wasser der Thermen erfreut sich nun auch unter den Sarden zunehmender Beliebtheit, weil sich darin leicht ihre kulturelle Disposition erfüllen lässt, den Moment zu genießen, viel eher als bei einer lärmigen Animation in einem der Feriendörfer, die sich an den Küsten drängen.

Die Lieblingsthermen der Inselbewohner sind die von Sardara, deren Kurtradition niemals unterbrochen wurde und die praktischerweise direkt an der Staatsstraße 131 zwischen Cagliari und Oristano liegen. Zur Zeit der Nuragher war die Quelle sicher ein Heiligtum von großer Bedeutung, wo vermutlich ein weiblicher Wasserkult zelebriert wurde, der dann unter dem Namen *Santa Maria de is Acquas*, ›Heilige Maria der Wasser‹, christianisiert wurde. Davon zeugen ein Brunnenheiligtum und eine Nuraghe, die inmitten des Thermenparks stehen. In dieser außergewöhnlichen Umgebung dringt das Wasser mit einer Temperatur von 50 bis 68 Grad an die Oberfläche, wird dann auf Körpertemperatur heruntergekühlt und in große Schwimmbecken in der Halle und im Freien geleitet.

Genauso geschieht es in der Region Barigadu mit dem Wasser der Thermalquellen von Fordongianus, die mit einer Temperatur von 54 Grad aus der Erde schießen. Dieser Ort – der, obwohl im geographischen Zentrum Sardiniens, eher abseits der Hauptstraßen liegt – ist nicht so sehr bekannt wegen der modernen Einrichtungen des Thermalbades, das innovativste in ganz Italien, sondern vielmehr wegen der baulichen Schönheit der antiken römischen Therme, von der das große rechteckige, ursprünglich mit einem Tonnengewölbe überspannte Becken noch vollständig erhalten ist. Das Wasser läuft über einen Rinnstein in das Becken, der in einem Pantherkopf endet, aus dessen Maul ununterbrochen ein warmer Wasserstrahl fließt. Die Thermen von Fordongianus sind besonders interessant wegen des ausgeklügelten Systems von Brunnen, Zisternen und Kanälen, die genutzt werden, um das Wasser zu speichern und zu verteilen: ein Schatz an technologischem Wissen, das der lokalen Bevölkerung sicher auch als nützliches Vorbild bei der Verteilung der gewöhnlicheren – aber darum nicht weniger wertvollen – Wasservorräte in der Region diente, deren erstes Bedürfnis seit Urzeiten der Durst ist.

Provinz Cagliari, historische Region: Campidano di Cagliari, Gemeinde Cagliari.

Provinz Nuoro, historische Region: Baronia, Gemeinde Nuoro.

10 . Erzählungen

Täuschungen und Wahrscheinlichkeiten der beiden Hauptstädte

> »Und noch immer bewahre ich die Erinnerung daran, wie meine Großmutter mich nach dem Abendessen mit auf die Piazza nahm, um dem Gesang der Dichter zu lauschen. Mit Stühlen auf dem Kopf zogen wir in einer Prozession über die Hauptstraße des Dorfes, in immer dichterem Gedränge, wie Ameisen. Alle mit einem Stuhl auf dem Kopf. Die Dichter sangen, und das Publikum gab seine Meinung ab. In den folgenden Tagen sangen die Leute die Gedichte vor sich hin, doch da es unmöglich war, sich exakt zu erinnern, wurden sie verändert, ›umarrangiert‹, in einer neuen Komposition aus Tausenden kleiner Splitter. Um sie alle vollständig zu hören, wäre es nötig gewesen, das ganze Dorf zu einem kollektiven Gesang zu vereinen. Für eine oder zwei Wochen sprach meine Großmutter nur noch in Reimen zu mir.«
> Alberto Masala: *Proveniamo da estremi* (Wir kommen aus Extremen)

Das, was die Erfahrung eines Besuchers mit Sardinien entscheidend bestimmt, ist die Übereinstimmung dessen, was er vorfindet, mit seinen Erwartungen. Es gibt Geschichten über die Insel, Tausende von Geschichten, aber niemandem gelingt es, das Sardinien dieser Geschichten zu besuchen, in denen eher ein Gefühlszustand beschrieben wird. Das soll nicht heißen, dass Sardinien mit all seinen Widersprüchen eine Geschichte ist, die nicht erzählt werden kann – es würde ausreichen, sich jedes Mal, wenn man von Sardinien liest, daran zu erinnern, dass nichts auf der Insel jemals nur ein physischer Ort ist. Auch das könnte es bedeuten, eine ›Insel der Geschichten‹ zu sein, und in dem Fall hätten die sardischen Schriftsteller diese Regel allesamt intuitiv befolgt, sowohl die, die ihre Geschichten in Sardinien spielen lassen – das ist der größte

Teil – als auch die, die aus einer Haltung der Emigration heraus bewusst entschieden haben, nicht von der Insel zu schreiben. Viele von denen, die zu Erzählern der Insel geworden sind, haben den Orten Phantasienamen gegeben und so bewusst Räume an der Grenze zum Metaphysischen geschaffen. Der Eindruck, dass man ein Sardinien erzählen wolle, das nicht existiert, ist jedoch trügerisch: Das Gegenteil ist der Fall. Der literarische Notbehelf ist eine Reaktion auf die Notwendigkeit, Paradigmen zu schaffen, Referenzmodelle, um die Realität der Insel wenigstens in einigen ihrer vielen Aspekte wiederzugeben. Nichts eignet sich so gut wie das Wahr*scheinliche*, um der Wahrheit nahezukommen. So ist das Dorf Fraus, in dem Giulio Angioni all seine Geschichten verortet, der Archetyp des charakteristischen Bauerndorfes in der Trexenta oder im Medio Campidano. Fraus existiert nicht, doch wer nach Sardinien kommt und Fraus mit aufmerksamen Augen sucht, wird vermutlich mehr als eines finden. Auf dieselbe Weise dienen die vielen imaginären Orte, die Salvatore Niffoi als Hintergrund für seine Geschichten wählt, als Ansichten sehr realer Welten, die leicht verschiedene Aspekte einer jeden Gemeinde in der Barbagia darstellen könnten. Nur diese nicht auf der Landkarte zu verortenden Dörfer können eine schwer fassbare Realität wiedergeben, die sonst flüchtig ist und verborgen, verschwunden oder sehr, sehr gut getarnt. Das Dorf Abacrasta, das Salvatore Niffoi in seinem Roman *Die Legende von Redenta Tiria* beschreibt, kann man wochenlang auf der Insel suchen und absolut nichts zu Gesicht bekommen, was ihm auch nur ähnelt.

> Abaca, Abaco, Abacuc ... Abacrasta, der Name meines Dorfes steht in keinem Lexikon und auf keiner Landkarte. […] Bekannt ist Abacrasta nur in der Umgebung, wo man es ›das Dorf der Gürtel‹ nennt. Kommt in Melagravida, Ispinarva, Oropische, Piracherfa oder Orotho einer aus Abacrasta vorbei, bekreuzigen sich die Leute und fragen sich: ›Wann der wohl dran ist‹?

Man kann Sardinien auch besuchen, ohne zu wissen, dass es sich um die Region Italiens mit der drittgrößten Selbstmordrate im Verhältnis zur Einwohnerzahl handelt. Wenn einem einmal die Augen übergegangen sind angesichts des Postkartenmeers, bleibt nicht mehr viel Platz, um den merkwürdigen Leuten des imaginären Dorfes Abacrasta zu begegnen, die sich mit ihren eigenen Gürteln erhängen. Und auch wenn sich jemand ernsthaft auf die Suche nach ihnen begäbe, dürfte er sich nicht darüber empören, sie nicht an ihrem Ort zu finden – wie vor einem Souvenirladen, der zu den angeschriebenen Öffnungszeiten geschlossen ist –, und genauso wenig diejenigen, die sie beschrieben haben, der makabren und irreführenden Reklame beschuldigen. Wer in der Erwartung nach Sardinien kommt, das Wahrscheinliche eins zu eins dort vorzufinden, riskiert, in den artifiziellen Strudel eines Agrotourismus zu geraten, wo gerne das für ihn organisiert wird, was er erwartet – mit dem paradoxen Resultat, dass er zufrieden ist, weil er das gesehen hat, was es gar nicht gibt, während ihm all das entgangen ist, was er nicht bereit war zu sehen, einfach weil es noch nie erzählt worden ist.

Cagliari, die andere Stadt

Über Cagliari ist viel geschrieben worden, doch in einem Großteil dieser Schriften, ganz gleich ob Roman oder Zeitungsnotiz, benutzen die Autoren vor allem ein Adjektiv, um die Stadt zu beschreiben: *anders*.

In Wirklichkeit ist das Erste, was an Cagliari auffällt, eher eine Ähnlichkeit als ein Unterschied: Wie Rom, Istanbul und Lissabon ist die Stadt auf sieben Hügeln erbaut, sodass sich unweigerlich ein bizarres Stadtbild ergibt. Ein Element, das die Stadt jedoch stark von anderen unterscheidet, ist ihr harmonisches Verhältnis zum Hafen: Anders als die meisten Städte am Meer, deren Hafengegenden oft ziemlich verwahrlost sind, liegen die besten

Lokale der sardischen Hauptstadt in den Vierteln am Wasser.

Wenn man mit dem Schiff dort ankommt, überraschen die Fassaden im gotisch-aragonesischen Stil, die wie in einer Parade aufgereiht stehen, unter denen die weiße Marmorfassade und die goldenen Mosaike des Rathauses mit seinen achteckigen figurenverzierten Türmen herausragt. Der Sultan von Oman, der die Stadt Mitte der 1990er Jahre mit seinem Harem besuchte, war von diesem Anblick so bezaubert, dass er, ohne je seine Jacht zu verlassen, ein prächtiges Büffet auf dem Kai für die gesamte Einwohnerschaft Cagliaris herrichten ließ. Vielleicht spürte auch er das seltsame Unbehagen, das Lawrence befiel, dem die Stadt als magischer Ort erschien:

> Es hat diesen merkwürdigen Zauber, als könne man es wohl sehen, nicht aber betreten. Es ist mehr eine Vision, eine Erinnerung, etwas, das lange vergangen ist. Es ist unmöglich, dass man wirklich in dieser Stadt *herumwandern* kann: seinen Fuß dort hinsetzen, lachen und essen …

Doch es lohnt sich, an Land zu gehen, denn die Stadt bietet viel mehr als nur eine Besichtigung der hochgelobten Sehenswürdigkeiten. Ausgehend von der Via Roma direkt am Hafen, breitet sich die Stadt in einer hügeligen Landschaft aus, mit Vierteln, die in Stufen übereinanderliegen wie bei einer Hochzeitstorte. Vielerorts gelangt man über eine Art vertikal verlaufende Seilbahn von einem zum anderen, gläserne Aufzüge, die spektakuläre Ausblicke bieten und einem die Anstrengung ersparen, die engen und steilen Treppenstufen hinaufzusteigen. Tagsüber bevölkern Studenten und Schüler die Straßen des am höchsten gelegenen Viertels Castello, wo sich ihre Stimmen unter die der Touristen mischen, und zusammen bilden sie ein hohes Sirren, wie der Ton eines Musikinstruments oder eines Soprans, der eine lyrische Arie probt.

Im historischen Viertel Marina gibt es heute keinen Markt mehr mit Körben voll schneeweißer, zu wackeligen

Pyramiden aufgeschichteter Eier. Die kleinen Häuser des Viertels werden hauptsächlich von Migranten bewohnt, und es dominieren Läden für den alltäglichen Gebrauch. In den engen Gassen voller Lokale, deren Namen bereits wie eine Garantie sind – etwa der des historischen Lokals *Ci Pensa Cannas*, ›dafür wird Cannas sorgen‹ –, kann man am Abend den Alten aus Cagliari und den jungen Nordafrikaner in einträchtigem Schweigen eine Zigarette drehen sehen. Es lohnt sich auch, die Geschäfte anzuschauen, schon allein wegen der ganz eigenen Art der Bewohner Cagliaris, die Fensterläden anzulehnen, das Licht nur spärlich durch die kleinen, niedrigen Türen dringen zu lassen, und so zu verstehen zu geben, dass drinnen ein so außergewöhnlicher Schatz versteckt ist, dass nur ein Dummkopf ein Schild aufstellen würde, um ihn anzukündigen.

So sind alle vier historischen Viertel, Marina, Stampace, Villanova und Castello. Wenn man sich bei Tag in ihre dunklen Gassen verirrt, entdeckt man wahrhafte Wunderwerke: Jenseits des breiten Largo Carlo Felice mit seinen Vitrinen, Banken, Anwaltsbüros und modernen Parkplatzkriegen öffnen sich Sträßchen, wo Autos kaum durchkommen, um Räume zu verletzen, die ganz offensichtlich für eine andere Art der Fortbewegung gemacht sind. Wer zu Fuß unterhalb der Treppen entlanggeht, trifft auf Meister antiker Möbel, Lederwerkstätten, Keramikwerkstätten und Kunstschmiede, Läden mit Süßigkeiten, von denen absichtlich nur der Geruch nach draußen dringt, und das unscheinbare Atelier einer Schneiderin, die natürlich weiß, von wem sie sich finden lassen will.

Neben den Geschäften und den Panoramaausblicken beeindruckt die Schönheit einiger Kirchen, allen voran die Kathedrale Santa Maria Assunta, die die Bewohner Cagliaris einfach ›Dom‹ nennen. Die Veränderungen an seiner Struktur sind stets dem politischen Geschick der Stadt gefolgt: Ausgehend von einer anfänglichen Konstruktion im romanisch-pisanischen Stil um 1200 erfuhr sie im 17. Jahrhundert eine barocke Umgestaltung und eine letzte Überarbeitung in den 1920er Jahren. Die letzte Umgestaltung hat dem Dom seine jetzige Fassade beschert, die vom Dom von Pisa inspiriert ist und die Piazza Palazzo mit ihren minutiös gearbeiteten Marmorintarsien überragt. In ihrem Inneren beherbergt die Kathedrale mehrere geschätzte Werke, darunter ein flämisches Triptychon aus dem 15. Jahrhundert. In den Jahren, in denen Sardinien Hauptstadt des Savoyer-Reiches war, fanden in der Kathedrale auch Veranstaltungen statt, die wenig mit der Religion zu tun hatten, wie die Vereidigung der Mitglieder des sardischen Parlaments.

Es gibt noch viele andere Kirchen im historischen Zentrum von Cagliari, mit denen häufig volkstümliche Traditionen oder Kulte verbunden waren, deren Bedeutung über die Grenzen der Stadt hinausreicht. Die wichtigste von ihnen ist Sant'Efisio im Viertel Stampace: Die Legende besagt, dass sie über dem Kerker des heiligen Märtyrers gebaut wurde, zu dessen Ehren der gleichnamige Festtag begangen wird, wahrscheinlich der wichtigste in ganz Sardinien, was die Beteiligung der Bevölkerung betrifft. Er fällt auf den 1. Mai, auf den Tag, an dem im restlichen Italien der Tag der Arbeit gefeiert wird. Zu dieser Gelegenheit – der Votivprozession in Erinnerung an das Gelübde, das gegenüber dem Heiligen während der Pest im Jahr 1657 abgelegt wurde – füllen sich die Hauptstraßen Cagliaris mit Dutzenden folkloristischer Gruppen von der ganzen Insel, die zu Fuß und auf Ochsenkarren eine beträchtliche Strecke zurücklegen. Wegen dieser Verehrung ist Efisio noch heute der häufigste Name in Cagliari. Wenn man alle Sehenswürdigkeiten und Geschäfte besucht hat, zeigt einem die Stadt am Abend ein anderes Gesicht, mit einem lebenslustigen Ambiente wie ein kleines Barcelona. Das Leben verlagert sich von den Säulengängen unter die Laubendächer der Piazza Jenne oder ins Castello-Viertel, wo bis zum Morgen getrunken und Musik gemacht wird und sich die Leute auf der riesigen Piazza der Bastion Saint

Remy auf die baldachinüberspannten Sofas vor den Lokalen legen, um den Nachthimmel zu betrachten. Von diesem Platz auf dem Gipfel der Festungsanlage kann man eine spektakuläre Aussicht auf die gesamte dem Meer zugewandte Seite Cagliaris genießen.

In Cagliari gibt es massenhaft solcher Aussichtspunkte, die nach einem langen Aufstieg durch die engen Gassen zwischen den historischen Bauwerken häufig wie ein frischer Luftzug überraschen. Am besten besucht man die Innenstadt, wenn in einem der Hafenviertel Festtag ist, wie zum Beispiel Ende Juni in Stampace. Dann wird die Straße mit Geländern abgesperrt, und alle Leute stellen aus ihren Häusern Tische und Stühle, Essen und Wein auf die Straße; auf der Treppe der Kirche Sant'Anna wird bis in die Nacht hinein getanzt, und auch aus den umliegenden Vierteln strömen Leute herbei, zusammen mit den Touristen, die im Sommer nachts die Stadt bevölkern, nachdem sie den Tag am Poetto-Strand verbracht haben. Cagliari ist die regionale Hauptstadt mit dem längsten Stadtstrand (beinahe acht Kilometer), und bis vor einigen Jahren auch mit einem der schönsten Strände des gesamten Mittelmeerraumes überhaupt, mit weißem, feinem Sand wie Talkumpuder und sauberem, smaragdgrünem Wasser. Heute ist der Strand eher grau, und das Wasser, obwohl immer noch sauber, opalisierend. Das ist das Ergebnis der unglaublichen Entscheidung, einen anderen Typ Sand vom Grund heraufzuholen, um ihn am Strand zu verteilen, im vollkommen unsinnigen Versuch, die Schäden verschiedener Raubzüge der Bauindustrie auszugleichen, die ihn für ihre Zwecke verwendet hatte. Diese Verunstaltung wurde den verantwortlichen Administratoren später als ökologisches Verbrechen zur Last gelegt; sie wird wahrscheinlich noch jahrelang wie eine Schattenlinie auf dem Strand liegen.

An keinem anderen Ort Sardiniens kann man die Abfolge der historischen Ereignisse so gut ablesen wie in Cagliari, was die Stadt zum Zentrum einer viel komplexeren

Entwicklung macht, als sie der Rest der Insel vollzog. Die sichtbarste Spur der herausgehobenen Rolle Cagliaris stammt aus dem Zweiten Weltkrieg, als amerikanische Jagdbomber 1943 achtzig Prozent der Stadt in Schutt und Asche legten. Mit der heftigen Bombardierung einer nur peripher an den Auseinandersetzungen beteiligten Stadt wollten die Alliierten Hitler und die Nationalsozialisten täuschen, während sie ihre eigentliche Landung in Sizilien vorbereiteten.

Für dieses Opfer erhielt Cagliari die Tapferkeitsmedaille als Märtyrerstadt. Einige Zeichen der Zerstörung sind noch heute im historischen Zentrum sichtbar, in Form von Rissen und Trümmerresten in den pisanischen Mauern, wo nun Erinnerung zu Erinnerung gefügt ist. Man kann nicht sagen, dass die Stadt nicht an Revolutionen und Wiederaufbau gewöhnt wäre: Praktisch jede der aufeinanderfolgenden Herrschaften hat Cagliari als natürlichen Hauptsitz gewählt, und jeder Wachwechsel hat oft drastische städtebauliche Veränderungen nach sich gezogen, samt Zerstörung oder dem vollständigen Umbau ganzer Viertel. Und die Revolution ist nicht beendet; die aktuelle in Cagliari verläuft langsam, aber verheerend: Der wirtschaftliche Niedergang hat im Lauf der letzen zwanzig Jahre die Zahl der Einwohner um 50.000 reduziert, die ins Hinterland abgewandert oder einfach fortgezogen sind. Immer weniger Jugendliche kehren nach einem Studium auf dem Festland hierher zurück. Es ist noch zu früh, um zu beurteilen, ob die Investitionen in Innovationen, die in den letzten Jahren getätigt worden sind – wie das Zentrum für technologische Recherche und Entwicklung in Pula, gegründet vom Nobelpreisträger Carlo Rubbia –, diese Tendenz umkehren und dafür sorgen können, dass Unternehmen wie Video On Line und der Internetanbieter Tiscali keine Einzelfälle bleiben.

Nuoro, eine Teufelsaustreibung

Es gibt keinen einzigen relevanten Schriftsteller, der nur Gutes über Nuoro geschrieben hätte. Diese Stadt scheint bei denen, die dort geboren sind, hauptsächlich harte Urteile zu provozieren. Grazia Deledda und Salvatore Satta, die das Bild der barbaricinischen Stadt maßgeblich mitgestaltet haben, ersparen ihr nichts, und da sie beide Kinder und Kenner der Stadt sind, ist es leicht, ihnen Glauben zu schenken.

Die Verbrechensberichte, die die Provinz in den letzten Jahren füllte, haben nicht dazu beigetragen, das Bild zu verbessern: Man braucht einen sehr guten Grund, um an einen solchen Ort zu fahren. Die Enttäuschung, die ein Besucher dann erfährt, hat etwas Komisches. Er ist beinahe wütend, ein kultiviertes und ruhiges Nuoro anzutreffen, und keine offensichtlichen Anzeichen der vorhergesagten Barbarei zu entdecken. Satta schreibt:

> Die Menschen von Nuoro sind wie die Hüter eines verrufenen Schlosses: finster, verschlossen, Männer und Frauen in strengen Trachten, die kaum einmal den Verlockungen der Farbe nachgeben, stets mit einem wachsamen Auge für Angriff und Verteidigung, maßlos in Essen und Trinken, schlau und unzuverlässig.

Den vermehrten Fällen von Bluttaten in der Provinz zum Trotz war Nuoro für lange Zeit auch das kulturelle Zentrum der Insel, was der Stadt am Ende des 19. und dem Beginn des 20. Jahrhunderts sogar den pompösen Titel ›Sardisches Athen‹ eintrug. In diesem Sinne waren es nicht nur Deledda und Satta, die ihr die Ehre erwiesen, sondern auch der Bildhauer Francesco Ciusa, der 1907 den Preis der Biennale von Venedig gewann mit seiner berühmten Skulptur *La madre dell'ucciso*, ›die Mutter des Getöteten‹, von der eine Kopie auf dem Grab des Künstlers in der Kirche der Salesianer Don Boscos selbst steht. Diese glückliche Zeit Nuoros ist noch nicht vorbei, und heute trägt sie die Namen des Regisseurs Salvatore Mereu, des Musikers Paolo Fresu, der dort die Jazzschule gegründet hat, des Schriftstellers Marcello Fois und einer Avantgarde junger Künstler, die ihren natürlichen Platz im MAN, dem *Museo d'arte Provincia di Nuoro*, gefunden haben.

Das bedeutet nicht, dass Nuoro mit der Zeit eine Stadt ohne dunkle Echos geworden wäre oder dass die Summe der künstlerischen Lebendigkeit einiger Einzelner ausreichen würde, das wirtschaftlich und sozial stagnierende Klima zu verändern, das dort noch immer viele Probleme verursacht. Nuoro bleibt eine der Provinzhauptstädte Italiens, die noch nicht an das Gleisnetz der staatlichen Eisenbahn angeschlossen sind, und der Regionalzug, der dort hält, verbindet sie nicht mit den anderen sardischen Städten. Als Sardinien in nur vier Provinzen unterteilt war, war Nuoro die einzige Hauptstadt, die nicht in der Nähe des Meeres lag und die keinen Flughafen besaß. Trotz dieser objektiven Schwierigkeit, das Festland oder die anderen sardischen Städte zu erreichen, ist Nuoro noch nicht Sitz einer autonomen Universität, und die wenigen Fakultäten, die dort Kurse abhalten, sind Ableger der Universitäten von Cagliari und Sassari. Bei einem kulturell und infrastrukturell so traurigen Bild möchte man sagen, dass die dortigen Erfolge nicht wegen der Lebendigkeit Nuoros, sondern *trotz* Nuoro zustande gekommen sind. Grazia Deledda hatte die starke repräsentative Dimension ihrer Stadt für die Identität der gesamten Insel erkannt – 1894, als die zukünftige Nobelpreisträgerin gerade zwanzig Jahre alt war und Nuoro nur knapp 7000 Einwohner zählte, schrieb sie:

> Es ist das Herz Sardiniens, es ist Sardinien selbst in all seinen Ausprägungen. Es ist ein offenes Feld, auf dem die beginnende Zivilisation einen stillen Kampf führt gegen die seltsame sardische Barbarität, die auf dem Festland so übertrieben wird.

In Nuoro werden einige der prägenden Charakterzüge der Inselbewohner wirkungsvoll dargestellt, besonders durch die Veredelung der Radikalität der Gefühle, die den Bewohner der Barbagia nur zu extremen Herzensregungen befähigt. Ob der Rest der Sarden sich darin wiedererkennt oder nicht, Tatsache ist, dass Nuoro der Schlüssel zum Verständnis der sardischen Seele ist. Oft repräsentiert der Nuorese den Sarden – im Kino, im Fernsehen und in der Literatur. Nicht selten geschieht dies in karikierter Form, wie zum Beispiel in der italienischen Synchronfassung der beliebten Zeichentrickserie *Die Simpsons*, wo das Sardische in Nuoreser Färbung verulkt wird – emblematisch in der Figur des groben und brutalen Hausmeisters Willy, der nur sehr simple und meist gewalttätige Gedanken hat.

Überraschenderweise sind es oft Künstler, die selbst aus Sardinien kommen, die die ketzerische Rolle ausfüllen, diese Karikatur des sardischen Binnenlandes zu zeichnen – in einem Akt der kulturellen Selbstverstümmelung, die exorzistische Züge in sich trägt.

Und doch deuten viele Zeichen darauf hin, dass die Wurzeln der sardischen Identität wirklich in Nuoro liegen. Es ist kein Zufall, dass das ethnographische Institut Sardiniens seinen Sitz dort hat, ein wahres Museum des Lebens und der volkstümlichen Traditionen der Insel. Kleidung, Schmuck, Handarbeiten, Musikinstrumente und Arbeitsutensilien werden dort in einer komplexen Gebäudeanlage ausgestellt, die ein sardisches Dorf zwischen Ende des 18. und Beginn des 19. Jahrhunderts zeigt. Wenn man jedoch einen direkteren Eindruck der sozioökonomischen Realität Nuoros vorzieht, die sich in vielerlei Hinsicht seit der im Museum repräsentierten Zeit wenig verändert hat, sollte man unbedingt die Feste der *Cortes Apertas*, der offenen Höfe, besuchen. Das ist eine Reihe verschiedener Veranstaltungen von September bis Dezember, an denen sich 25 Dörfer der Barbagia beteiligen, mit Ausstellungen, Verkostungen lokaler Produkte, Konzerten und Vorführungen traditioneller Tänze, und vor allem mit der direkten Erfahrung einer der weniger kontroversen Seiten des Geistes von Nuoro: der heiligen Gastfreundschaft.

Kein präziser Ort der Insel, vielmehr all ihre Orte.

11. Weiblichkeit

Richterinnen, Mütter, Madonnen, Hexen und Nobelpreisträgerinnen

»Die Frau, die im Himmel schläft
Erscheint in flüchtigen Geburten
Bringt in jedem Frühling Blitze
Sät Farben
Webt die Rhythmen der Liebe
Wird Litanei der Melodien
Um sich dann leise auszuruhen.
Und wir sind glücklich
Weil sie den Männern verborgen ist.«
Alberto Masala: *Taliban*

Als 2006 ein Richter in Hannover einem Angeklagten mit sardischem Migrationshintergrund, der seine litauische Verlobte gefangengehalten und missbraucht hatte, aufgrund des »vorherrschenden Bildes der Rolle der Frau in seinem Heimatland« mildernde Umstände zusprach, wurden viele empörte Stimmen laut, die gegen den stark rassistischen Einschlag des Urteilsspruchs protestierten.

Doch die sardischen Persönlichkeiten, die aufgerufen wurden, den Vorfall zu kommentieren, hatten nicht ganz so viel über die vorgeschobene ethnische Frage zu diskutieren, vor allem da es eine sardische Ethnie nicht gibt, als vielmehr über die Idee einer angenommenen männlichen Vorherrschaft in Sardinien, die sie als lächerlich abtaten. Der Grund dafür ist, dass auf Sardinien seit jeher ein Matriarchat besteht, in einer Form der sozialen Organisation, die vollständig durchdrungen ist von der dominanten Rolle der Frau, die Schlüsselfunktionen in der wirtschaftlichen und kulturellen Leitung innehat, ohne dass es um diese Vormachtstellung je soziale Kämpfe gegeben hätte oder dass sie als besonders erstrebenswerte Eroberung gälte. Es ist einfach schon immer so gewesen.

In einer Hirtengesellschaft, in der der Mann wochenlang von zu Hause fort ist, um die Tiere auf der Weide zu beaufsichtigen, oder sogar Monate, um in den Minen zu arbeiten, und nur zurückkommt, um Geld zu bringen und wieder aufzubrechen, ist es ganz natürlich, dass die Frauen wesentliche Aufgaben übernommen haben, wie die vollständige Verwaltung der Wirtschaft, der Bildung und der politischen und rechtlichen Organisation der ihnen anvertrauten Welt – was immer es auch ist, ob Haus, Acker oder Reich.

Diese Emanzipation ist also eher notwendiges Ergebnis der Einsamkeit und der Härte des Lebens als ein irgendwie erreichtes Bewusstsein der Gleichheit. Es wäre ein Fehler zu glauben, dass die Emanzipation sich nur in den vier Wänden des Hauses abspielte, etwa in der stillen Verwaltung der Familienfinanzen: Die Frau hat auf Sardinien schon lange Zugang zu öffentlichen Rollen, in denen es im Rest Italiens üblicherweise schwierig ist, Anerkennung zu finden, wie in der Politik, der wissenschaftlichen Forschung oder der Wirtschaft.

Den Archetypus der sardischen Weiblichkeit mit beinahe legendären Zügen verkörpert die historische Figur Eleonora, die Ende des 14. Jahrhunderts das *Regno d'Arborea* als Interimsrichterin leitete, zunächst als Ersatz für ihren Ehemann Brancaleone, der im Gefängnis saß, später für ihren minderjährigen Sohn. Aus ihrer Hand floss die *Carta de Logu*, ein vollständig auf Sardisch verfasstes juristisches Dokument von großer Wichtigkeit für das europäische Recht, denn für viele Juristen verkörpert es das erste Beispiel eines geschriebenen Grundgesetzes für einen freien Staat. Die Gesetze der *Carta de Logu* blieben 350 Jahre lang in Kraft, bis sie 1827 vom *Codice Feliciano* nach Savoyer Vorbild abgelöst wurden, der die verschiedenen Gesetze der einzelnen Staaten zusammenfasste. Nicht zufällig gründen die Sarden auf diese Zeit ihr Bewusstsein, einmal wirklich eine Nation gewesen zu sein, unter einer weitsichtigen und starken Richterin, deren

Gedenken heute vor allem noch in der Stadt Oristano lebendig ist. Hier, auf der zentralen Piazza, dominiert die Marmorstatue der gesetzgebenden Richterin Eleonora das Ratsgebäude.

Für die Rolle der Frau auf Sardinien muss auch die Religion wichtig gewesen sein, die bis zu Beginn des Christentums eine starke weibliche Konnotation behalten hatte, sowohl in der Anbetung einzelner Göttinnen der Erde und der Fruchtbarkeit, als auch in der Ausübung der religiösen Macht selbst, durch Formen des Schamanismus oder rituelles Priestertum, die vor allem oder sogar ausschließlich Frauen vorbehalten waren.

Der Kult des weiblichen Ursprungs als Überbringer des Lebens ist archäologisch in vielerlei Formen auf ganz Sardinien dokumentiert, vom mykenischen Kult des Wassers und der Doppelaxt bis hin zu dem nuraghischen und später phönizischen Kult der *Dea Madre*, der Mutter Gottes.

Die sehr viel gewagteren Theorien des Journalisten und Schriftstellers Sergio Frau bringen den Glauben an die Göttin mit den anatolischen Ursprüngen der ersten Bewohner Sardiniens in Verbindung, den mythischen Shardanen, die bei ihrer Ankunft auch die eigene Religion mitgebracht hätten, die aus großen sanften Frauen bestand: es kamen

> [...] große Schiffsladungen aus Anatolien, Land der Schafzucht, der Minen und der geometrischen *kilim*-Teppiche wie die der sardischen Tradition. Und der hängenden Augenwinkel wie Berlinguer, die in vielen der Dörfer im Landesinneren verbreitet sind, der Sauermilchkäse, der mächtigen mütterlichen Gottheiten, die zum Teil noch heute im Matriarchat der Barbagia überlebt haben. Es war die göttliche Mutter, die ihre Reisen segnete. Als sie hier angekommen waren, dankten sie ihr und fuhren fort, das seltsame Mysterium ihres Bauches zu verehren, der von Zeit zu Zeit überraschend, wer weiß warum, zu überdimensionaler Größe anschwoll, um Leben zu schenken. Dicke Göttinnen mit Säuglingen im Arm, mit runden Hüften und breiten Schenkeln, beschützen – eingraviert in die Gräber oder als Statuen, die heute in den Museen zu

finden sind – die ersten Toten der neuen Sarden, ihre neuerliche Reise, die diesmal ins Jenseits führt.«

Wo auch immer die Ursprünge des Kultes liegen, das jedenfalls war das Szenario, mit dem viele Jahrhunderte später noch das junge Christentum konkurrieren musste, das anfangs Mühe hatte, die Heiligkeit der weiblichen Figur zu relativieren, die besonders im Binnenland der Insel so tief verwurzelt war. Nachdem das nicht vollständig gelang, beschlossen sie wahrscheinlich eine Phase der Koexistenz und des Synkretismus: In der Tat belegen viele anthropologische und archäologische Quellen, dass ein großer Teil der Orte, die heute der Marienverehrung gewidmet sind, in Wirklichkeit Kultstätten waren, an denen göttliche oder natürliche Mächte mit weiblichen Zügen verehrt wurden, vornehmlich in der Nähe der Brunnenheiligtümer oder natürlicher Quellen, die heute Heilquellen sind, doch noch bis gestern als wundertätig galten.

Die Symbole und die Protagonisten der älteren Religionen wurden dämonisiert und lächerlich gemacht, in dem Versuch, diese Kulte zu schwächen, die sich so schnell jedoch nicht ausrotten ließen. So geschah es mit Dionysos, doch vor allem mit den weiblichen Formen der Göttlichkeit, denen nach und nach immer weniger freundliche Eigenschaften zugeschrieben wurden, bis sie zu wahrhaft unheilvollen Geschöpfen mutierten, und ihre Stätten zu Orten der Verdammnis.

Noch heute gibt es um die Wasser der heiligen Brunnen das vollkommen haltlose Gerücht, dass derjenige, der aus ihnen trinkt, verrückt wird; ganze Dörfer tragen diesen Ruf mit sich herum, nur weil sie vor Hunderten von Jahren Kultstätte einer heiligen Quelle waren, so zum Beispiel die Gemeinden Seneghe, Paulilatino und Bonarcado wegen ihrer Nähe zum Brunnen Santa Cristina.

Auch ein Großteil der sardischen Legenden macht diesen Mechanismus der Überlagerung deutlich: Wenn weibliche Wesen Protagonisten der Erzählungen sind, werden diese heute nicht selten mit dämonischen Zügen gezeichnet.

So kann man, wenn man sich auf die Suche nach den *janas* macht, den wunderschönen kleinen Feen, die in Felsspalten wohnen und Gold spinnen, unermessliche Schätze finden, aber auch für immer aus der Welt gerissen werden, indem man in ein anderes Zeitgefüge eintritt wie im mythischen Avalon der Kelten: Bei der Rückkehr findet der Schatzsucher keine seiner Lieben mehr vor, weil sie seit Jahrzehnten tot sind.

Am Ufer der Flüsse kann der Geist des Wassers sich in Form der *pana* zeigen, scheinbar eine Frau wie jede andere, die dort ihre Sachen wäscht, doch bei der es sich in Wirklichkeit um den bösen Geist einer bei der Geburt ihres Kindes gestorbenen Mutter handelt, die einen nach Hause begleiten und das eigene Kind ersticken wird, um seine Seele mit sich fortzunehmen.

In einer Schwiegermutter, die schlecht behandelt worden ist, kann sich eine *coga surbile* verbergen, ein Echo des antiken Glaubens an Diana-Erodiade, die sich des Nachts mit magischen Ölen salbt und in ein fliegendes Insekt verwandelt (ein eindeutiges Zeichen für schamanischen Ursprung), das durch die Schlüssellöcher in die Häuser eindringt, um das Blut der Enkel zu trinken, die unglücklicherweise noch nicht getauft sind.

Wenn diese Legenden die Uhr um Tausende von Jahren zurückdrehen und heutzutage niemandem mehr im christianisierten Sardinien bewusst ist, welche Dinge in ihnen verborgen liegen, gibt es doch andere weibliche Figuren, die noch bis vor wenigen Jahrzehnten eine Rolle ausgefüllt haben, die man sogar als hohepriesterlich bezeichnen könnte – in jedem Fall eine rituelle Rolle. Es handelt sich um Funktionen, die mit der Geburt und dem Sterben als Schlüsselmomenten des Lebens zusammenhängen, die aber auch gegenwärtig sind, wenn die Gesundheit des Geistes, des Körpers oder der Seele bedroht ist. Einige dieser Rollen sind in den vergangenen Jahrhunderten von der katholischen Kirche explizit verdammt und bekämpft worden. Die am meisten bekämpfte war zweifellos *sa pranghidora* oder *attittadora*, die das rituelle Wehklagen am Kopfende des Bettes eines Verstorbenen anleitete, nach dem griechischen Modell der Klageweiber. Möglicherweise leitet sich der Begriff *attittadora* vom Wort *titta*, Brust, ab. Eine der Interpretationen dieser Rolle wäre dann eine Figur, die für den Toten eine Art Amme darstellt und ihm das *anninnia*, das Wiegenlied singt, während sie ihm ein letztes Mal Milch gibt. Das Gewicht dieser Figur war so groß, dass die Priester es für nötig hielten, den *attittadoras*, die beinahe immer Freunde oder Verwandte der Familie des Toten waren, die Teilnahme an religiösen Beerdigungszeremonien zu verbieten, außer wenn sie ihr Amt niederlegten. Dieses Verbot hat den Brauch entstehen lassen, der noch heute im Landesinneren der Insel unter den älteren Frauen verbreitet ist, die Totenwache im Haus des Verstorbenen zu halten, ohne an der Beerdigung teilzunehmen, und so eine Art parallele Liturgie des Schmerzes abzuhalten. Das Motiv für dieses Verbot ist nicht nur in der Emotion zu suchen, die dieses rituelle Wehklagen hervorrief und alle Anwesenden so aus der Fassung brachte, dass jeder Verweis auf die christliche Hoffnung ungehört verhallen musste. Das Verbot wurde auch erlassen, um eventuelle Rachegefühle nicht weiter zu schüren, die in der Verwandtschaft im Falle eines gewaltsamen Todes vielleicht aufgekommen waren, obwohl der Name des für schuldig Befundenen niemals direkt von der ausführenden *attittadora* ausgesprochen wurde.

Die andere Figur, die noch heute in vielen Dörfern präsent ist, ist *sa pratica*, eine Heilerin, die Mysterienkulte verschiedenster Natur ›praktizierte‹, Kenntnisse als Hebamme und Schamanin besaß, den bösen Blick austrieb, seelische Verwirrungen nach einem großen Schrecken mit psychotropen Kräutern heilte, doch ebenso eine Hautirritation zu kurieren wusste. Diese Figur, die manchmal fälschlicherweise mit einer einfachen Hexe gleichgesetzt wurde, ist in Wirklichkeit häufig Hüterin effektiver volkstümlicher Heilmittel, deren Erinnerung immer mehr verlorengeht, und Hüterin faszinierender Rituale, die vollkommen nutzlos, aber zweifellos sehr alt sind und interessante religiöse Ursprünge enthüllen. Diese alten Frauen, die aussterben, sind wahrscheinlich das Einzige, was von einem Geschlecht weiblicher Priesterfiguren bleibt, die ganz andere Funktionen hatten, als nur Warzen und Schlaflosigkeit zu heilen, auch wenn sie das ebenfalls taten. Eine der weniger bekannten Methoden, die der *pratica* anvertraut wurden, gehörten zur Kategorie der volkstümlichen Medizin – es geht um eine besondere Form des *tarantismo*, der in Sardinien mindestens noch bis zur Mitte des vergangenen Jahrhunderts praktiziert wurde, wenn jemand von der einzigen tödlichen Spinne der Insel gebissen wurde: der Schwarzen Witwe, auf Sardisch *argia*. Allgemein war die Auffassung verbreitet, dass der Biss einer solchen Spinne nur von einem Weibchen stammen könne und dass es unerlässlich sei, den ›Familienstand‹ der Spinne zu ermitteln, um das Gift zu bekämpfen. Das zitternde Opfer wurde also auf einen Haufen Mist gelegt, mit dem es später auch bedeckt wurde (wahrscheinlich, um es zum Schwitzen zu bringen). Dann begann man, mit bestimmten festgelegten Schritten und in einer festen Reihenfolge, um das Opfer herumzutanzen: Erst kamen sieben ledige Frauen, dann sieben Witwen und schließlich sieben verheiratete Frauen. Ließ das Zittern des Opfers nach, bedeutete dies, dass der Stand der Spinne, die es gebissen hatte, mit dem der Frauen übereinstimmte, die gerade tanzten.

Die *praticas* waren also Heilerinnen in der Medizin und Priesterinnen in der Religion, zwei Aspekte, die im alten Sardinien Hand in Hand gingen.

Die dritte und faszinierendste Figur hat legendäre Züge, und obwohl ihre Existenz besonders in der Barbagia, im Barigadu und in der Gallura attestiert worden ist, gibt es immer noch einige Anthropologen, die ihre Funktion und ihre Rolle innerhalb der Gemeinschaft verleugnen. Es geht um *sa femina accabadora*, eine Frau (doch in sehr seltenen Fällen soll es auch ein Mann gewesen sein), deren Aufgabe es war, der Agonie der Sterbenden ein Ende zu bereiten, auf Wunsch der Familie, oder, wenn bei Sinnen, des Sterbenden selbst. Diese Art der Sterbehilfe *ante litteram* wirft noch viele Fragen auf: unter anderem, warum ihre Rolle so schlecht bezeugt ist, wenn es sie doch mindestens bis 1952 gab, als im Dorf Orgosolo eine Frau angeklagt wurde, diese Funktion an einem Sterbenden ausgeübt zu haben. Der Fall wurde bald zu den Akten gelegt, nicht weil die Tatsache entkräftet worden wäre, sondern weil man die barmherzige Absicht der Frau erkannte, auch dank der Zeugenaussage eines der Familienmitglieder des Toten. Das Instrument, mit dem *sa femina accabadora* nach verbreiteter Auffassung ihre Aufgabe erfüllte, kann man im Museum von Luras sehen, in der Provinz Olbia-Tempio im Herzen der Gallura: ein grob zurechtgeschnitztes Stück Holz in Form eines Hammers, auch wenn die Zeugenaussagen über seinen realen Gebrauch vage sind, ihn in einigen Fällen rundheraus verleugnen und stattdessen andere Instrumente und Vorgehensweisen benennen. All diese Vermächtnisse werfen Licht und Schatten auf die Wahrnehmung der Frau im heutigen Sardinien, die zwischen Respekt und Geschlechterkonflikt oszilliert, der, obwohl traditionell nicht zur Kultur der Insel gehörig, inzwischen auch dort angekommen ist. Einiges hat sich sicher verändert, und die Reichweite des Verlusts der urzeitlichen Heiligkeit des Weiblichen hat sich den Sarden selbst zum ersten Mal in voller Wucht in der Vergewaltigung von Silvia Melis gezeigt, die 1997 die Gewissen der Inselbewohner aufrüttelte. Silvia Melis wurde unversehens zur Ikone eines Sardinien, das seiner selbst beraubt worden war und sich in seinem ältesten Symbol verletzt sah: dem der *Mater*. Diese Entführung wurde nicht mit dem Schweigen der *omertà* beantwortet, das in der Vergangenheit auch als stillschweigendes Einverständnis gelesen worden war. Sardinien tat etwas, zu dem es nie vorher in der Lage gewesen war: Es distanzierte sich deutlich und stark von den Vergewaltigern, mit symbolischen Gesten wie den weißen Laken, die aus den Fenstern ganzer Dörfer hingen, auch in der Barbagia und der Ogliastra, und mit Zeichen der Solidarität wie den Spenden auf ein eigens eingerichtetes Konto, um symbolisch das Geld des von der Magistratur gesperrten Kontos zu ersetzen, was dazu dienen sollte, dass die Familie Melis den Lösegeldforderungen der Entführer nicht nachkam. Besonders Letzteres war eine beispiellose Geste, mit der alle Sarden sich zu Garanten dieses Lösegeldes machten, als handle es sich um die Tochter, Mutter oder Schwester aller Beteiligten. In gewissem Sinne war sie das auch, denn diese Geste wiederholte sich nicht wieder bei den glücklicherweise nur seltenen Entführungsfällen, die darauf folgten. Mit einer gewissen bitteren Ironie wurde außer zwei Männern auch die alte Mutter einer der beiden Entführer angeklagt, die laut der Aussage von Silvia Melis die ganze Zeit, in der sie in der Wohnung in Nuoro versteckt gehalten wurde, ihre Kerkermeisterin war.

Es gibt eine weitere weibliche Figur, die in der kollektiven Vorstellung der Nicht-Inselbewohner direkt mit Sardinien verknüpft ist, und das ist Grazia Deledda. Doch hat Deledda, obwohl sie die bekannteste Sardin der Welt ist, für die Sarden nie die Weiblichkeit der Insel repräsentiert, und noch weniger das typisch Sardische. Schon bevor sie den Nobelpreis bekam, war sie in Sardinien nicht populär; ihre Heimatstadt Nuoro beantwortete die Anklagen Deleddas bezüglich der Barbarei der Insel – und besonders der Barbagia –, indem sie ihre illustre Tochter mit dem wenig ehrenvollen Titel *bagassa*, Hure, bedachte. Heute schmücken sich Denkmäler, Schulen, Kommunalbibliotheken und viele der Vereine der 600.000 emigrierten Sarden gern mit dem Namen der Nobelpreisträgerin, aber zu der Zeit, als sich das Deledda-Phänomen in all seiner Kraft entfaltete, war die Schriftstellerin für Sardinien so etwas wie eine Abtrünnige, eine Schlange, die man am

Busen genährt hatte. Um Missverständnissen vorzubeugen: Der Grund dafür war nicht, dass sie sich in der Literatur von der Rolle emanzipiert hatte, die der Frau in ihrer Kultur zugeschrieben wurde. Im Gegenteil, die Liturgie der sardischen Erzählung mit ihrem Rhythmus, ihren Orten und ihren spezifischen literarischen Formen ist sehr viel mehr ein weibliches Werk als ein männliches. Es hatte für niemanden etwas Seltsames, dass eine Frau zur berühmten Erzählerin wurde. Man beschuldigte sie jedoch des unverzeihlichen Fehlers, sich vom sicheren, allgemein anerkannten und vor allem unpersönlichen Terrain der traditionellen Geschichten auf die Ebene des Realismus begeben zu haben, mit Themen, die nicht so sehr an der Realität orientiert waren als vielmehr am Wahrscheinlichen; auf der Suche nach einem Stil, der sie dem aufstrebenden italienischen Roman näher bringen würde, schrieb sie bereinigt von den üblichen Kategorien der traditionellen sardischen Vorstellungswelt. Die Sarden beschuldigten sie also eines unverzeihlichen Verhaltens: Sie verletzte die Regeln der Diskretion.

Für die sardische Kultur, die ein natürlicher Hüter jedes Mysteriums und jedes Geheimnisses ist, begeht schon eine Frau, die ihre ›häuslichen Angelegenheiten‹ auf den Seiten der nationalen Zeitungen ausbreitet, eine unverzeihliche Handlung. Und Grazia Deledda fügte dem noch erschwerend hinzu, dass sie häufig sehr harte Worte für ihr Land fand, in ihrem ganz persönlichen Versuch, sich davon zu distanzieren. Nachdem Grazia Deledda auf den ›Kontinent‹ gezogen war, liebte sie es, Freunden und Vertrauten von einer Reise nach Sardinien abzuraten, wie auch Amelie Posse bestätigt, die sie kennenlernte, bevor sie zu Beginn des Zweiten Weltkriegs auf die Insel flüchtete. Die Schriftstellerin schickte die Freundin nach Alghero, eine Stadt mit katalanischem Flair, weil der Rest der Sarden nach ihrer Aussage eine unangenehme Gesellschaft sei, ungebildet und barbarisch. Doch der Wille Grazia Deleddas, ihre eigene Sicht auf das Vorhandene wiederzugeben, war in gewissem Sinne auch ein literarisch inakzeptabler Akt für eine Welt, die sich seit Jahrhunderten um die Feuerstellen versammelte, um zu erzählen, was nicht existiert. In den ärmlichen Verhältnissen Sardiniens zu Beginn des 20. Jahrhunderts, wo vielköpfige Familien mehr Zeit als Brot miteinander zu teilen hatten – welche anderen Geschichten hätten da entstehen können als die von den *janas*, die pures Gold spinnen, und von Ungeheuern in den Nuraghen, die unterirdische Kornkammern voller Getreide verwalten?

Die Erzählung am Kaminfeuer, der Deledda selbst die Sammlung *Per il folclore sardo* widmete, war über Jahrhunderte hinweg eine Ablenkung vom Alltag, ein Platz, den später das Fernsehen einnehmen sollte, mit seinen Quizsendungen, Spielfilmen und Showgirls, dem neuen Emblem der Weiblichkeit der Insel. In zeitlicher Folge sind sie die letzten *janas*, über die man Geschichten spinnen kann.

Bibliographie

Angioni, Giulio (Hrsg.): *Cartas de Logu. Scrittori sardi allo specchio*, Cagliari 2007.

Angioni, Giulio: *Le fiamme di Toledo*, Palermo 2006.

Angius, Gavino: *Decalogo dell'isola*, in: Angioni, Giulio (Hrsg.): *Cartas De Logu*, Cagliari 2007.

Atzeni, Sergio: *Passavamo sulla terra leggeri*, Nuoro 2003.

Bandinu, Bachisio/Cubeddu, Salvatore: *Il quinto moro. Soru e il sorismo*, Selargius 2007.

Caltagirone, Benedetto: *Identità sarde. Un'inchiesta etnografica*, Cagliari 2005.

Capitta, Alberto: *Viaggio in Sardegna*, in: Angioni, Giulio (Hrsg.): *Cartas De Logu*, Cagliari 2007.

D'Annunzio, Gabriele: *Sa Spendula*, 1882.

De André, Fabrizio: *A çimma*, in: *In direzione ostinata e contraria*, Milano 2005.

Deledda, Grazia: *1894*, in: Turchi, Dolores (Hrsg.): *Tradizioni popolari di Sardegna*, Roma 1995.

Fois, Marcello: *Io ho visto, ma non è detto che il mio sguardo mi appartenga*, in: Angioni, Giulio (Hrsg.): *Cartas De Logu*, Cagliari 2007.

Fois, Marcello: *Fährschiffe*, in: De Giorgio, Michela/Kallscheuer, Otto (Hrsg.): *Sardinien. Eine literarische Einladung*, Berlin 2011. – Übers. v. Monika Lustig.

Frau, Sergio: *Viaggio nell'archeologia per trovare l'Anatolia*, in: *La Repubblica*, 1. August 1999.

Fresi, Francesco: *Guida insolita ai misteri, ai segreti, alle leggende e alle curiosità della Sardegna*, Roma 1999.

Lawrence, David H.: *Das Meer und Sardinien*, Zürich 1985. – Übers. v. Georg Goyert.

Ledda, Gavino: *Padre Padrone,* Mannheim 2001. – Übers. v. Heinz Riedt.

Liori, Antonangelo: *Manuale di sopravvivenza in Barbagia*, Cagliari 1991.

Lussu, Emilio: *Il cinghiale del diavolo*, Nuoro 2004.

Manno, Francesco Ignazio: *Su patriottu sardu a sos feudatarios (tradizionale)*, Cagliari 2006.

Masala, Alberto: *Proveniamo da estremi*, Bologna 2002.

Masala, Alberto: *Taliban. I trentadue precetti per le donne*, Bologna 2001.

Murenu, Melchiorre: *Tancas serradas a muru (tradizionale)*, www.ildeposito.org (Januar 2012).

Niffoi, Salvatore: *Die Legende von Redenta Tiria*, Wien 2007. – Übers. v. Sigrid Vagt.

Nonnis, Nino: *Come le barzellette, non si deve spiegarla*, in: Angioni, Giulio (Hrsg.): *Cartas De Logu*, Cagliari 2007.

Pigliaru, Antonio: *Studi complementari al codice della vendetta barbaricina*, in: *Il Codice della vendetta barbaricina*, Nuoro 2006.

Posse Brázdová, Amelie: *Interludio di Sardegna*, Cagliari 1998.

Satta, Salvatore: *Der Tag des Gerichts*, Frankfurt a. M. 1980. – Übers. v. Joachim A. Frank.

Vittorini, Elio: *Sardinien. Ein Land der Kindheit*, München 1986. – Übers. v. Sabine Schneider.

Wenn nicht anders angegeben, stammen die Übersetzungen der Zitate von Julika Brandestini.

Michela Murgia, geboren 1972 in Cabras (Oristano), studierte Theologie und unterrichtete Religion. Nach einigen Jahren in Mailand kehrte sie wieder nach Sardinien zurück. 2010 erhielt sie den Premio Campiello für ihren Roman *Accabadora*, mit dem sie zur gefeierten Autorin wurde. Heute lebt sie in Rom und arbeitet für den Rundfunk.

Michela Murgia bei Wagenbach

Accabadora *Roman*
Eine Geschichte über Mutter und Tochter, wie sie noch nie erzählt worden ist. Ein Roman, in dem das archaische und das moderne Italien aufeinandertreffen.
Aus dem Italienischen von Julika Brandestini
WAT 768. 176 Seiten

Murmelbrüder *Eine Geschichte aus Sardinien*
Die sardische Autorin Michela Murgia schreibt diesmal nicht über das enge und mitunter schmerzende Band der Familie, sondern über eine Beziehung, die oft freier, aber dabei ebenso tief sein kann: Freundschaft.
Aus dem Italienischen von Julika Brandestini
SVLTO. Rotes Leinen. Fadengeheftet. 120 Seiten

Chirú *Roman*
Wer macht uns zu dem, was wir sind? Wir werden es nicht von allein, sondern durch Menschen, die uns prägen, leiten, beeinflussen. Was für ein Glück – und welche Gefahr zugleich. Wieder lotet Michela Murgia die ungewöhnliche emotionale Bindung zwischen zwei Menschen aus.
Aus dem Italienischen von Julika Brandestini
Quart*buch*. Gebunden mit Schutzumschlag. 208 Seiten

Sardinien *Eine literarische Einladung*
An kaum einem Ort treffen das alte, archaische und das moderne, globalisierte Italien so unvermittelt aufeinander wie in Sardinien. Ein Buch über die Insel, das sie umgebende Meer und den weiten Weg aufs italienische Festland.
Herausgegeben von Michela De Giorgio und Otto Kallscheuer
Mit Photographien von Stefan Melchior
SVLTO. Rotes Leinen. Fadengeheftet. 144 Seiten

Elf Wege über eine Insel. Sardische Notizen erschien im Februar 2012 als 184. *SVLTO.*

MIX
Papier aus verantwortungsvollen Quellen
FSC® C013736

Die italienische Originalausgabe erschien 2008 unter dem Titel *Viaggio in Sardegna. Undici percorsi nell'isola che non si vede* bei Giulio Einaudi editore in Turin.

3. Auflage 2020

Umschlaggestaltung Julie August unter Verwendung eines Fotos von Bruno Morandi ©gettyimages: der Künstler Pinuccio Sciola vor einem seiner Bilder in San Sperate. Gesetzt aus der Minion Pro. Einbandmaterial von Gebr. Schabert, Strullendorf. Vorsatzpapier von peyer graphic, Leonberg. Gedruckt auf chlor- und säurefreiem Papier und gebunden bei Kösel, Krugzell. Printed in Germany.

ISBN 978 3 8031 1283 5

9 783803 112835

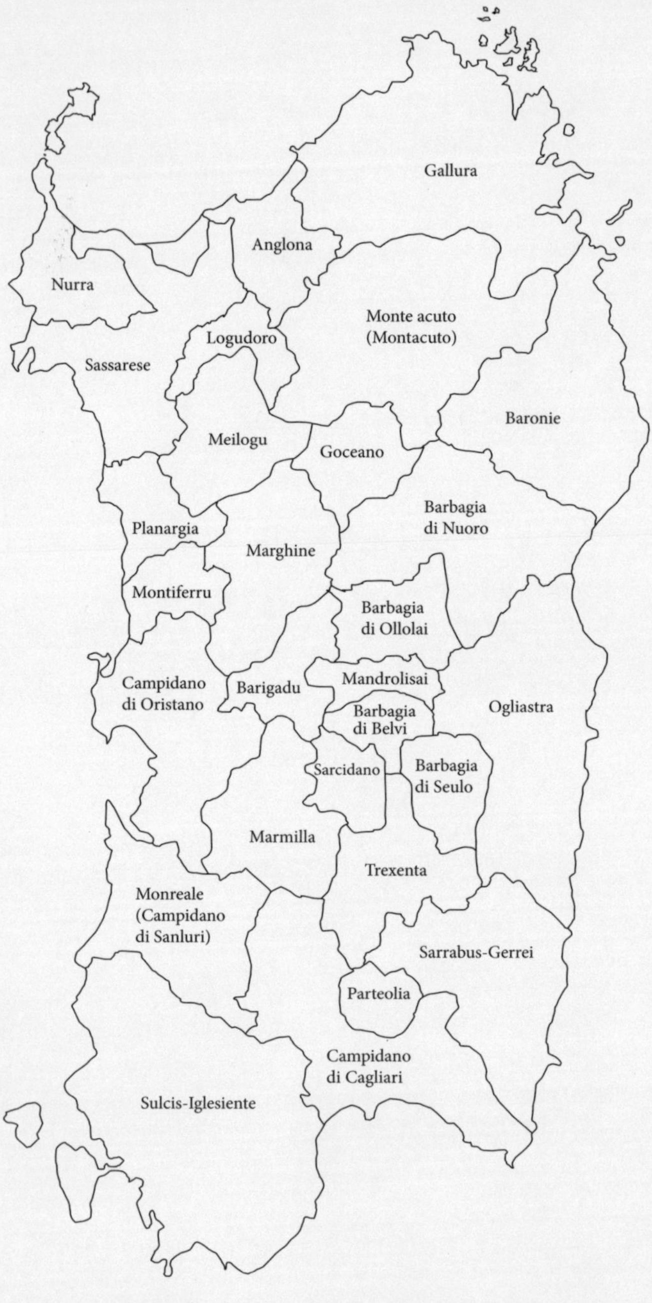

Die historischen Regionen Sardiniens